D. A. 카슨의
하나님의 사랑

죠이선교회는 예수님을 첫째로(Jesus First)
이웃을 둘째로(Others Second)
나 자신을 마지막으로(You Third) 둘 때
참 기쁨(JOY)이 있다는 죠이 정신(JOY Spirit)을 토대로
하나님 나라의 확장을 위해 지역 교회와 협력, 보완하는
선교 단체로서 지상 명령을 성취한다는 사명으로 일합니다.

죠이선교회 출판부는 그리스도를 대신한 사신으로
문서를 통한 지상 명령 성취와 하나님 나라 확장을 위해 노력합니다.

The Difficult Doctrine of the Love of God
Copyright © 2000 D. A. Carson
Published by Crossway
a publishing ministry of Good News Publishers
Wheaton, Illinois 60187, U.S.A.

This edition published by arrangement
with Crossway through rMaeng2, Seoul, Republic of Korea.
All rights reserved.

This Korean Edition Copyright © 2019 by JOY Mission Press, Seoul,
Republic of Korea

이 한국어판의 저작권은 알맹2 에이전시를 통하여 Crossway와 독점 계약한 죠이선교회에 있습니다. 신 저작권법에 의하여 한국 내에서 보호받는 저작물이므로 무단 전재와 무단 복제를 금합니다.

죠이북스는 죠이선교회의 임프린트입니다.

D. A. 카슨의
하나님의 사랑

우리가 오해한 그 사랑의
진정한 의미를 되찾기 위하여

D. A. 카슨 지음

황영광 옮김

죠이북스

차례

서문 · 6

1장
왜곡된 하나님의 사랑 · 8

2장
하나님은 사랑이시다 · 34

3장
하나님의 사랑과 하나님의 절대 주권 · 62

4장
하나님의 사랑과 하나님의 진노 · 94

주제 색인 · 122
성구 색인 · 125

서문

이 책에 수록된 장들은 처음에 여러 장소에서 강연되었지만, 특히 이렇게 출간된 네 개의 장은 1998년 2월, 댈러스 신학교에서 전한 W. H. 그리피스 토마스 강연들을 모은 것이다.

그곳을 방문하는 나흘간, 내가 받은 많은 친절에 매우 감사한다. 교수들은 일하는 도중에 나와서까지 나를 환영해 주었다. 오랜 지인들과 우정을 새롭게 하고, 또 다른 새로운 관계를 맺는 것은 좋은 일이다. 학장인 마크 베일리와 직원들은 단순한 직업 정신을 뛰어넘어 세심하게 도와주었다.

그후 나는 이 네 강연을 약간만 수정하여 뉴질랜드의 캐리 침례 대학, 오스트레일리아 시드니의 무어 신학 대학, 애버딘의 길컴스톤교회에서 다시 전하였다. 매번 환대와 질문들로 유익을 얻었다.

나는 특히 꽤 오랫동안 고민해 온 신학적 소고인 이 강연들을 출간할 수 있는 기회를 주신 하나님께 감사드린다. '하나님의 사랑'은 우리 경험에서든 신학에서든 쉽게 고갈될 수 없는 주제다. 이 주제는 영원토록 우리 생각을 사로잡을 것이며, 찬양을 불러일으킬 것임에 의심할 여지가 없다. 이 작은 책이 이 주제를 포괄적이고 깊이 있게 다룬다고 말하지는 않겠다. 이 책은 펌프에 넣는 마중물에 지나지 않는다. 한편 이 책은 오늘날 우리가 광범위하게 잃어버렸으나 3세기 전 많은 그리스도인은 어느 정도 알고 있던 토대를 살핀다. 이 책이 이 주제를 회복하는 데 작은 기여라도 할 수 있다면 나는 감사할 따름이다.

이 네 강연은 소책자 네 권으로 출간된 1999년판 〈비블리오테카 사크라〉(*Bibliotheca Sacra*)에서 먼저 소개되었다. 크로스웨이 출판사에서 약간의 수정을 거친 뒤 현재 형태로 출판해 준 것에 감사한다. 덕분에 더 많은 독자가 읽을 수 있게 되었다. 이 책을 펼치고 얼마 지나지 않아서 독자들은 (몇몇 예외를 제외하고) 내가 이 책을 에세이로 쓰기보다는 상대적으로 정보를 전달하기 위해 애썼음을 분명히 알게 될 것이다. 덧붙여 색인을 종합해 준 대학원 조교 시거드 그린드하임에게 매우 감사한다.

오직 하나님께만 영광을
D. A. 카슨

1장
왜곡된 하나님의 사랑

✕

"하나님의 사랑, 그 어려운 교리"(원제는 "The Difficult Doctrine of the Love of God"이다_ 편집자)라는 제목을 듣고 여러분이 '1998년 W. H. 그리피스 토마스 강연자가 영 정신이 나갔군'이라고 생각했다면 용서를 구하지 않아도 된다. 이 강연자가 "삼위일체, 그 어려운 교리"라거나 "예정, 그 어려운 교리"라는 주제로 강연했다면 적어도 그 강연 제목은 논리적이었을 것이다. 하지만 '하나님의 사랑'이라는 교리는 아무래도 그런 고차원적이고 신비한 가르침들보다 쉽지 않은가?

어째서 하나님의 사랑을 어려운 교리로 여겨야 하는가
적어도 다섯 가지 이유가 있다.

(1) 오늘날 하나님을 믿는 사람이라면, 압도적 다수는 이 하나님(그분이 남자든 여자든 어떻게 이해되든)이 사랑하는 존재라고 믿는다. 그런데 바로 이 사실이 그리스도의 증인들이 맡은 임무를 상당히 곤란하게 만든다. 하나님의 사랑에 대해 널리 퍼진 이런 믿음은 갈수록 성경적 신학이 아닌 다른 기반 위에 세워지고 있는 일이 빈번해지고 있기 때문이다. 그 결과, 그 주제에 정통한 그리스도인이 하나님의 사랑을 이야기할 때 의미하는 바는 주변 문화에서 의미하는 바와 굉장히 달라진다. 더 심각한 것은 양쪽 모두 이것이 문제라는 사실을 인지하지 못한다는 것이다.

최근 영화업계가 생산하는 영화들을 생각해 보자. 이 영화들은 서구 문명을 반영하는 동시에 그 문명을 형성하고 있다. 우리의 목적을 위해 공상 과학 영화를 두 부류로 나눠 볼 것이다. 아마도 쿵쾅거리고 모조리 다 쏴버리는 스타일의 영화가 더 대중적일 것이다. 〈인디펜던스 데이〉나 〈에일리언〉 4부작처럼 혐오스러운 악으로 완성되는 영화들 말이다. 외계인은 당연히 역겹게 그려진다. 그렇지 않다면 위협적이지 않을 것이고, 결국 목적도 사라지고 재미도 없게 된다. 이런 영화들은 영적 메시지는 고사하고 우주적 메시지를 담는 경우도 거의 없다.

또 다른 부류는 재미를 추구하면서 메시지도 전달하고자 하는 영화다. 이런 부류의 영화는 거의 모두 절대 힘을 선한 것으로 묘사한다. 이 두 부류의 경계에 위치한 영화가 바로 도덕적으로 모호한 '포스'(Force)를 다루는 〈스타워즈〉 시리즈다. 그렇지만 이 시리즈조차 '빛'의 포스가 최종으로 승리하는 결론을 가정한다. 로이 앵커가 말했듯이 〈ET〉는 "가슴을 불타게 하는 성육신 이야기로, 그 절정에는 부활과 승천이 있다."[1] 그리고 조디 포스터가 주연한 〈콘택트〉에서, 알 수 없는 지적 존재는 사랑과 지혜로운 선견이 가득하며 경외심을 자아낸다.

앵커는 이를 '우회로'(indirection)라고 부르며, 이것이 기독교적 목적에 큰 도움이 된다고 생각한다. 이 영화들은 J. R. R. 톨킨이나 C. S. 루이스의 소설처럼 사람들이 우회적으로 하나님의 선하심과 사랑을 인정하도록 돕는다는 것이다. 그러나 나는 그렇게 낙관적이지 않다. 톨킨과 루이스는 여전히 유대-기독교 유산으로 형성된 세계를 살았다. 그들의 '우회로'를 읽은 독자들 가운데 대부분은 성경적 의미의 그리스도인은 아니었을지 몰라도 그러한 유산으로 형성된 문화에 속한 사람들이었다.

그러나 〈콘택트〉의 세계관은 일원론적이며 자연주의적이고 다원적이다(어찌됐든 이 영화는 칼 세이건에게 헌정되었다). 이 영화는 뭔가 현실적인 것보다는 뉴 에이지, 폴리아나적 낙관주의

---

1   Roy Anker, "Not Lost in Space," *Books&Culture* 3/6 (November/December 1997), 13쪽.

(Pollyannaish optimism)[2]에 훨씬 많이 연관된다. 갑자기 하나님의 사랑이라는 기독교 교리는 매우 어려워졌다. 성경 안에 구축된 틀 전체가 대체되어 버렸기 때문이다.

(2) 다른 방식으로 말하면 우리는 하나님에 관한 다른 여러 보충 진리를 대체로 **불신하는** 문화에 살고 있다. 하나님의 사랑을 (기독교에서 타협할 수 없는 몇몇 기본 요소인) 하나님의 절대 주권, 하나님의 거룩하심, 하나님의 진노, 하나님의 섭리, 그리고 하나님의 인격성에서 축출해 버린다면, 성경이 말하는 하나님의 사랑은 우리 사유의 최전선에서 그리 길게 살아남지 못할 것이다.

물론 그 결과로 하나님의 사랑에서 문화가 불편하게 느끼는 것은 무엇이든 축출되고 말았다. 하나님의 사랑은 희석되었고 민주화되었으며 무엇보다 감정적이 되었다. 이 과정이 지속된 지는 꽤 오래되었다. 우리 세대는 "지금 세상에 필요한 것은 사랑, 달콤한 사랑"이라고 노래하도록 배웠다(미국의 가수 다이애나 로스의 노래 〈지금 세상에 필요한 것은〉[What the world needs now]의 가사 중 일부다_편집자). 이 노래에서 우리는 (산은 이미 충분하니) 또 다른 산은 필요 없다고, 하지만 사랑은 더 필요하다고 전능자에게 강

---

2   1913년에 출간된 엘리너 H. 포터의 어린이 책 「폴리아나」에서 유래된 단어다. 이 책에서 주인공 소녀 폴리아나는 모든 상황에서 낙관적인 것을 보려고 노력하는 '기쁨 놀이'를 만들어 수행한다. _옮긴이

하게 지시한다. 정말이지 교만함이 하늘을 찌른다.

상황이 늘 이랬던 것은 아니다. 거의 모든 사람이 하나님의 공의를 믿던 세대에서는 때때로 하나님의 사랑을 믿기 어려워했다. 그렇기 때문에 하나님의 사랑에 대한 설교는 놀라운 복음으로 다가왔다. 오늘날 당신이 사람들에게 "하나님이 당신을 사랑하십니다"라고 알려 준다면, 그들은 거의 놀라지 않을 것이다. "당연히 하나님은 날 사랑하시죠. 원래 그런 분이잖아요. 그렇지 않나요? 게다가 왜 저를 사랑하시지 않겠어요? 저 정도면 귀엽고, 적어도 옆 사람보다는 착하잖아요. 전 괜찮아요. 당신도 괜찮고요. 하나님은 당신도 저도 사랑하세요."

앤드류 그릴리(Andrew Greeley)에 따르면, 1980년대 중반만 해도 그의 중요한 설문에 응답한 사람 중 4분의 3이 하나님을 '왕'보다는 '친구'로 생각하기를 좋아한다고 답했다.[3] 나는 당시 선택지가 '친구'와 '심판자'였다면 몇 퍼센트로 나왔을지 궁금하다. 오늘날 대부분의 사람들은 하나님의 사랑을 믿는 데 별 어려움이 없어 보인다. 오히려 하나님의 공의, 하나님의 진노, 전지하신 하나님의 모순 없는 신실하심을 믿기를 훨씬 어려워한다. 그러나 '하나님'의 의미가 안개 속으로 사라지고 있는 중에

---

3   *Religious Change in America* (Cambridge: Harvard University Press, 1989), 37쪽.

도 성경이 가르치는 하나님의 사랑이 여전히 그 형태를 유지할 수 있을까?

그리스도인들이라고 해서 이러한 영향에 면역되어 있다고 생각해서는 안 된다. 마샤 위튼(Marsha Witten)은 개신교 강단에서 무엇이 설교되고 있는지를 조사한 내용을 자신의 중요한 책에 담았다.[4] 위튼의 조사에 한계가 있다는 점은 인정하자. 그가 뽑은 설교 표본의 한편은 복음주의적 신앙 고백을 거의 유지하지 않는 미국 장로교회들이고, 또 다른 한편은 남침례교단에 속한 교회들이다. 충격적이게도 중대한 문제들에서 두 부류의 교회 전통 사이에는 미미한 통계적 차이만 있을 뿐이었다. 더 유의미한 한계는 위튼이 연구한 설교가 모두 돌아온 탕자 비유(눅 15장)에 초점을 맞춘 것이었다는 점이다. 이는 연구된 설교들이 특정 방향으로 기울어져 있을 가능성이 높다.

어쨌거나 위튼의 책에는 이 설교들에서 뽑은 긴 인용문이 많다. 그리고 그 인용문들은 문제가 굉장히 많다. 그 설교들은 "인간과 깊이 닮아 있는 하나님의 감정을 강조해서 그분의 내적 상태의 특징을 통해 하나님을 제시하는" 경향이 강하다. "하나님은 '행동'하시기보다 '느끼시는' 분이고 '말씀'하시기보다 '생각'

---

4   *All is Forgiven: The Secular Message in American Protestantism* (Princeton: Princeton University Press, 1993).

하시는 분이다."[5] 또는

하나님의 심판을 두려워하는 생각은 비교적 약하게 나타났다. 그리고 이런 생각은 미래 상태가 어떠할지에 대한 불안 담론 구조가 거의 전무하다는 특징에서 잘 나타났다. 이미 살펴본 대로 이 설교들은 (죄라는 용어를 사용하든 다른 내용을 설명하든) 하나님에게서 떨어져 나가게 할 수 있는 다른 여러 세상적 요소로 불안감을 유난히 극대화시켰다. 심지어 회심하지 않은 사람에 관해 언급할 때도 구원에 대한 불안함을 묘사하면서 하나님의 심판에 대한 두려움을 강조한 설교는 두 편뿐이었다. 그러나 이 두 설교도 모두 간접적으로만 전했을 뿐이다. 청중이 부정적인 감정을 느끼지 않도록 다른 문제를 언급하는 중에 간접적으로 제시한 것이다. …… 개신교 초기에 인간과 하나님의 관계에서 초월적이고 위대하며 존엄하게 그려졌던 루터와 칼뱅의 하나님은 미국 개신교를 거치면서 아주 사소한 부분을 제외하고는 대체로 유약한 존재로 변해 갔다. …… 많은 설교가 하나님을 규칙적이고 패턴이 있으며 행동이 예측되는 분으로 묘사한다. 그분은 일관되게 행동하는 분이며 '사랑'이라는

---

5   같은 책, 40쪽.

단 하나의 규칙으로 모든 행위가 하나 되는 분이다.[6]

수많은 개신교 교회가 하나님을 이렇게 감정적으로 묘사하는 현실에서 하나님의 사랑에 관한 성경적 교리를 유지하는 일이 얼마나 어려운지를 이해하기는 어렵지 않다.

(3) 예전보다 광범위해진데다 여전히 발전하고 있는 포스트모더니즘적 경향이 지닌 요소들도 지금 우리가 다루는 문제에 영향을 준다. 서구에서 인식론이 놀랍게 변화하면서 갈수록 많은 사람이 유일한 이단은 '이단이 존재한다'라는 사상이라고 믿게 되었다. 이들은 모든 종교는 그 근원이 동일하며, 따라서 누군가를 자신의 신앙으로 설득하고자 하는 행위는 무례한 것일 뿐 아니라 심각하게 무식하고 구시대적인 것이라고 생각한다. 그러한 행위는 은연중에 자신의 신앙이 열등하다고 말하는 것이기 때문이다.[7]

서구에서 불이 지펴지기 시작한 이 관점은 이제 세계 많은 곳까지 이르렀다. 예를 들어 칼렙 올루레미 올라디포(Caleb Oluremi Oladipo)는 최근 책에서 "요루바 (아프리카) 토착 교회 운

---

6 같은 책, 50, 53, 135쪽.
7 나는 다음 책에서 상당한 분량을 할애하여 이 주제를 다루었다. *The Gagging of God: Christianity Confronts Pluralism* (Grand Rapids: Zondervan, 1996).

동에서의 성령론 발전"에 관해 다룬다.[8] 그의 관심은 토착 교회에서 기독교 신앙과 요루바 전통 종교가 상호 작용하는 모습을 보여 주는 것이다. 우리가 자세히 살펴보지 않아도 될 만한 '서로 다른 두 가지 관점'을 제시한 후 올라디포는 이렇게 쓴다.

> 책이 보여 주는 두 가지 관점은 하나님의 본성이 보편적 사랑이라는 근본적인 주장 위에 서 있다. 이러한 주장은 서구 선교사들이 하나님의 본성을 보편적 사랑이라고 주장하면서도 대부분은 다른 여러 세계 인구의 구원을 부정했다는 것을 전제한다. 그리고 대부분의 경우에 그들은 무차별적으로 그러했다. 이 책은 이러한 관점이 일관되지 않음을 지적하고, 기독교와 일반적으로는 타종교, 특정하게는 요루바 전통 종교 간에 조화를 이루어 내고자 한다.[9]

간단히 말해서 가장 힘 있는 문화적 조류인 포스트모더니즘은 포스트모던적 인식론만 남기고 모든 권위적 기초를 제거함으로써 하나님 사랑에 관해 매우 감정적이고 융합적인 관점, 그

---

[8] American University Studies. Series VII: Theology and Religion, vol. 185 (New York: Peter Lang, 1996).
[9] 같은 책, 144쪽.

리고 종종 다원적인 관점을 강력하게 지지한다. 하지만 이는 하나님과 하나님 사랑에 관한 성경적 교리를 묘사하는 일을 굉장히 어려운 도전으로 만들어 버린다.

(4) 앞선 세 가지 어려움은 문화 속에서 성장한 것으로 하나님 사랑에 관한 교리를 이해하고 정확히 묘사하는 것을 적잖은 도전으로 만든다. 네 번째 요소는 어떤 측면에서 더 근원적이다. 하나님 사랑에 대해 감정적인 방향, 심지어 때로는 무신론적인 경향을 강하게 지니는 문화 속에 함께 휩쓸려 우리 그리스도인들도 기독교 신앙 고백 안에서 하나님 사랑에 관한 교리가 그러한 어려움을 제기한다는 사실을 잊어버리는 것이다. 두 차례의 세계 대전, 러시아, 중국, 독일, 아프리카의 대학살, 대량 기아, 히틀러와 폴 포트, 자국과 타국을 막론하고 끝이 없는 부패가 가득한 이 세기에 과연 하나님의 사랑은 명백한 교리인가? 물론 이는 경험적 차원에서 어려움을 불러일으킨다. 누군가는 조직 신학적 관점에서 동일하게 반응할 것이다. 성경이 말하는 하나님의 사랑과, 악의 영역까지 이르는 하나님의 절대 주권을 구체적으로 어떻게 통합할 것인가? 적어도 어떤 본문에 따르면 비피동적 존재[10]인 하나님에게 사랑이란 무슨 의미인가? 하나님

---

10 '비피동성'은 'impassibility'를 번역한 것으로, 하나님은 외부의 자극에 의해 감정이 움직이는 분이 아니라는 것을 표현하는 신학적 용어다. 이 개념은 하나님이 자신의 하

의 사랑은 하나님의 의와 어떻게 함께할 수 있는가?

다시 말해 교회 안에서 하나님 사랑을 감상적으로 표현하는 것이 매우 위험한 이유는 성경이 말하는 적합하고 균형 잡힌 하나님에 관한 교리를 유지하게 해주는 근원적인 질문들을 사유할 수 없게 만들어 버린다는 것이다. 아무리 영광스럽고 특권 있는 일이라 할지라도 쉬운 일이란 없다. 우리는 하나님을 다루고 있다. 어리숙한 환원주의는 엇나가고 위험할 수밖에 없다.

(5) 끝으로 하나님 사랑에 관한 교리는 때로 기독교계 안에서 실재보다 쉽고 분명한 것으로 묘사된다. 덕분에 우리는 성경이 하나님 사랑에 관해 그릴 때 제시하는 차이들을 간과하기도 한다. 이 부분은 매우 중요하기 때문에 이어서 다루고자 한다.

서로 다른 방식으로 하나님 사랑을 말하는 성경 구절들

먼저 내가 설명하는 모든 구절이 사랑이라는 단어를 사용한 것은 아니라는 사실을 알려 주는 것이 좋겠다. 나는 하나님 사랑의 교리를 말할 때, 사랑이라는 단어를 사용하지 않았지만 하나님의 사랑을 그리는 주제와 본문을 포함시킨다. 예수님이 긍휼

나님 되심을 타협하지 않으면서 어떻게 피조 세계와 관계하시는지를 설명하고자 하며, 따라서 하나님과 피조 세계의 관계를 어떻게 보느냐에 따라 많은 도전을 받기도 한다. 이 책은 결국 하나님이 하나님 되심을 포기하지 않으시면서(비피동성을 유지하면서) 어떻게 외부 세계를 사랑하실 수 있는지에 대해 논의하고 있다. _옮긴이

이라는 단어를 사용하시지 않으면서도 긍휼을 묘사하는 비유를 말씀하셨듯이 말이다.

이 사실을 미리 알려 주었으니 이제 성경이 하나님 사랑에 관해 말하는 다섯 가지 서로 다른 방식에 함께 주목해 보고자 한다. 이 방식들은 비록 전체를 아우르는 목록이 아니지만 경험적으로 유용하다.

(1) **성자를 향한 성부의, 성부를 향한 성자의 특별한 사랑.** 요한복음은 특히 이 주제를 풍성하게 다루고 있다. 성자를 향한 성부의 사랑은 두 번 등장하며, 한 번은 동사 **아가파오**(ἀγαπάω, 요 3:35)를, 또 한 번은 **필레오**(φιλέω, 요 5:20)를 사용한다. 그리고 복음서 기자는 세상은 예수님이 성부를 사랑하신다는 사실을 알아야 한다고 강조한다(요 14:31). 하나님의 이런 삼위일체 내적 사랑(intra-Trinitarian love)은 기독교의 단일신론(monotheism)을 여타 단일신론들과 구분할 뿐 아니라 놀라운 방식으로 계시 및 구속과 연결한다. 이 주제는 다음 장에서 다시 다룰 것이다.

(2) **창조하신 모든 것을 향한 하나님의 섭리적 사랑.** 대부분의 경우에 성경은 이와 관련하여 **사랑**이라는 단어를 쓰지 않는 경향을 보인다. 그렇지만 이 주제를 찾기는 어렵지 않다. 하나님은 모든 것을 창조하시고 죄의 조짐이 보이기 전에 자신이 만드신 모든 것을 "좋았더라"고 선언하신다(창 1장). 이는 **사랑하시**

는 창조주가 만드신 바다. 사람은 하나님이 들판을 영광스런 들꽃으로 채우신 것을 보지 못해도 하나님은 보고 계신다고 주 예수는 설명하신다. 사자가 울부짖으며 먹잇감을 잡아챌지라도 동물을 먹이는 분은 하나님이다. 하늘의 새들이 먹을거리를 찾지만 그것은 하나님의 사랑하시는 섭리의 결과이며, 전능자께서 허락하시지 않는 한 참새 한 마리도 하늘에서 떨어지지 않는다(마 6장). 이것이 선한 섭리, **사랑하는** 섭리가 아니라면, 하나님은 자기 백성을 위해 공급하시는 분이니 신뢰할 수 있는 분이라고 강조하는 예수님의 도덕적 가르침은 어불성설일 것이다.

(3) **타락한 세상을 구원하시려는 하나님의 마음.** 하나님은 이 세상을 이처럼 사랑하셔서 자기 아들을 주셨다(요 3:16). 이 구절에서 '코스모스'(κόσμος, '세상')가 택함 받은 자들을 가리킨다고 여기는 사람들이 있다는 것을 알고 있다. 그러나 전혀 그렇게 볼 수 없다. 요한복음에서 이 단어가 사용된 용례들은 모두 그러한 제안에 반하고 있다. 요한복음에서 세상은 주로 큰 것(bigness)이 아니라 나쁜 것(badness)을 의미한다는 사실은 옳다. 요한복음에 사용된 단어 용례에서 세상은 주로 하나님께 의지적으로 악하게 반역하는 도덕적 질서를 가리킨다. 요한복음 3장 16절에서 주 예수를 보내신 하나님의 사랑이 고귀한 것은 그 범위가 세상과 같이 '크기' 때문이 아니라 그렇게 '악한' 것이기 때

문이다. '그렇게 수많은' 사람을 위해서가 아니라 '그토록 악한' 사람들을 위한 것이기 때문에 고귀한 것이다. 그렇기는 하지만 요한이 "온 세상"이라고 표현하여 큰 것과 나쁜 것을 함께 말하는 구절도 있다(요일 2:2). 더 중요한 것은 요한 신학에서 제자들은 원래 세상에 속했으나 그곳에서 끌어내어진 이들이라는 사실이다(예를 들면 요한복음 15장 19절). 이런 기준에서 본다면, 세상을 향한 하나님의 사랑을 택함 받은 자들을 향한 사랑으로 도매금으로 넘겨 버릴 수 없다.

성경의 수많은 구절과 주제들에서 동일한 가르침을 찾아볼 수 있다. 하나님이 아무리 세상을 엄하게 심판하는 자리에 서 계시더라도, 동시에 그분은 모든 인류에게 회개하도록 명하시고 초청하시는 하나님으로 자신을 드러내신다. 하나님은 자기 백성에게 땅 끝까지 이르러 모든 곳의 남녀에게 복음을 선포하라고 명하신다. 절대 주권을 지니신 주님은 적대적인 이들에게 이렇게 외치신다. "나의 삶을 두고 맹세하노니 나는 악인이 죽는 것을 기뻐하지 아니하고 악인이 그의 길에서 돌이켜 떠나 사는 것을 기뻐하노라 이스라엘 족속아 돌이키고 돌이키라! 너희 악한 길에서 떠나라 어찌 죽고자 하느냐"(겔 33:11).[11]

---

11   이 말이 이스라엘 족속에게 선포된 것이라는 사실 때문에 이 말의 힘이 줄어들지는 않는다. 이스라엘 족속에 속한 모든 사람이 구원받은 것은 아니었기 때문이다. 에

(4) 택함 받은 자를 향하신 하나님의 특별하고 효과적이며 선택적인 사랑. 택함 받은 자는 이스라엘 전체일 수도 있고, 몸 된 교회일 수도 있고, 개인일 수도 있다. 각 경우마다 하나님은 다른 이들을 향한 것과 다른, 그들만을 향한 특별한 감정을 품으신다. 하나님은 이스라엘 백성에게 이렇게 말씀하신다.

> 여호와께서 너희를 기뻐하시고 너희를 택하심은 너희가 다른 민족보다 수효가 많기 때문이 아니니라 너희는 오히려 모든 민족 중에 가장 적으니라 여호와께서 다만 너희를 사랑하심으로 말미암아, 또는 너희의 조상들에게 하신 맹세를 지키려 하심으로 말미암아 자기의 권능의 손으로 너희를 인도하여 내시되 너희를 그 종 되었던 집에서 애굽 왕 바로의 손에서 속량하셨나니(신 7:7-8. 4장 37절 참조).

또한 이렇게 말씀하신다.

> 하늘과 모든 하늘의 하늘과 땅과 그 위의 만물은 본래 네 하나님 여호와께 속한 것이로되 여호와께서 오직 네 조상들을 기뻐

스겔이 살던 당시, 많은 사람이 심판으로 죽었다.

하시고 그들을 사랑하사 그들의 후손인 너희를 만민 중에서 택
하셨음이 오늘과 같으니라(신 10:14-15).

이 구절들이 충격적인 것은 이스라엘이 다른 세계나 민족들과 구분되는 근거가 결코 개인적이거나 민족적인 공로에서 비롯된 것이 아니라는 사실이다. 하나님의 사랑 말고는 아무 근거가 없다. 이 경우의 특징으로 볼 때, 이 구절에서 말하는 이스라엘을 향한 하나님의 사랑은 다른 민족들을 향한 방식과 다른 방식인 것이다.

하나님의 사랑을 말하는 이러한 방식은 지금까지 살핀 다른 세 가지 방식과 분명한 차이가 있다. 하나님 사랑에서 나타나는 이러한 차이는 자주 수면 위로 떠오른다. 하나님은 이렇게 선언하신다. "내가 야곱을 사랑하였고 에서는 미워하였으며"(말 1:2-3). 독립 형태는 독립적 선호를 표현하는 방식으로 사용될 수 있다는 셈족어의 특성으로 이런 차이가 생긴 이유를 마음껏 설명해 보라. 그래도 이 구절에서 하나님의 사랑이 특히 택함 받은 자를 향하고 있다는 사실은 변하지 않는다.

이와 비슷하게 신약에서는 그리스도께서 "교회를 사랑하[셨다]"고 말한다(엡 5:25). 반복해서 신약 본문은 하나님의 사랑이나 그리스도의 사랑이 교회를 이루는 이들을 향한다고 말해 준다.

이 내용에 관해서는 4장에서 다시 다룰 것이다.

(5) 끝으로 하나님의 사랑은 때로 자기 백성을 향해 일시적이거나 조건적인 방식으로 향한다고 표현된다. 여기서 조건은 바로 순종이다. 이는 하나님을 아는 것에 대한 관계적 구조의 일부다. 이것은 우리가 살아 계신 하나님을 참으로 따르는 자들이 되는 것과는 무관한 것으로, 이는 우리가 일단 그분을 알게 되어 그분과 관계 맺는 것과 관련되어 있다. 유다는 자신의 독자들에게 "하나님의 사랑 안에서 자신을 지키며"라고 권면한다(21절). 이 구절은 하나님의 사랑 안에서 자신을 지키지 못하는 사람이 있다는 인상이 강하다. 분명히 이는 타락한 인류를 구원하려는 의지를 반영한 하나님의 섭리적 사랑은 아니다. 그분의 영원하고 택함 받은 자들을 향한 사랑도 아니다. 이 말씀에 따르면 누군가는 (우리가 보듯이) 그 사랑에서 벗어날 수 있다.

이런 식으로 말하는 사람이 유다만은 아니다. 주 예수는 제자들에게 자신의 사랑 안에 거하라고 명하시며(요 15:9) 이렇게 덧붙이신다. "내가 아버지의 계명을 지켜 그의 사랑 안에 거하는 것같이 너희도 내 계명을 지키면 내 사랑 안에 거하리라"(요 15:10). 조금 엉성한 비유를 들자면 어떤 의미에서는 아이들이 무슨 짓을 하든 아이들을 향한 내 사랑은 변함없지만(주여, 도우소서), 또 다른 의미에서 아이들은 내 사랑 안에 지속적으로 거해야 한다는 사실을 잘 알고 있다. 십 대 자녀들이 미리 약속한 시간에 정당한 이유 없이 집으로 돌아오지 않는다면 적어도 호되게 혼날 것이며, 어쩌면 어떤 식으로든 행동을 제재해야 할지도 모른다. 내가 그렇게 하는 것이 그들을 사랑하기 때문이라는 사실을 다시 상기시킬 필요는 없다. 이는 사실이지만 내가 아이들에게 외출을 금지할 때 드러나는 사랑과, 함께 나가 밥을 사 주거나 아이들의 연주회에 참석하거나 아들을 데리고 낚시를 가거나 딸과 여행을 떠날 때 드러나는 사랑은 꽤나 다르다. 내 분노 아래 있는 것보다는 후자의 상황에 있을 때 더욱 내 사랑 안에 거한다고 느낄 것이다.

이는 새 언약에서만 나타나는 현상도 아니다. 십계명에서 하나님은 "나를 사랑하고 내 계명을 지키는 자에게는 천 대까지" 사랑을 보이겠다고 선언하신다(출 20:6). 그렇다. "여호와는 긍휼이 많으시고 은혜로우시며 노하기를 더디 하시고 인자하심이 풍부하시도다"(시 103:8). 이 문맥에서 하나님의 사랑은 진노보다 **우위에 놓여 있다.** 우리가 살펴볼 다른 본문과 달리 하나님의 백성은 그들이 언약에 얼마나 신실한지에 따라 하나님의 사랑 아래 거하거나 그분의 진노 아래 거한다.

자주 경책하지 아니하시며 노를 영원히 품지 아니하시리로다 우리의 죄를 따라 우리를 처벌하지는 아니하시며 우리의 죄악을 따라 우리에게 그대로 갚지는 아니하셨으니 이는 하늘이 땅에서 높음같이 그를 **경외하는** 자에게 그의 인자하심이 크심이로다 …… 아버지가 자식을 긍휼히 여김같이 여호와께서는 자기를 **경외하는** 자를 긍휼히 여기시나니 …… 여호와의 인자하심은 자기를 **경외하는** 자에게 영원부터 영원까지 이르며 그의 의는 자손의 자손에게 이르나니 곧 그의 언약을 지키고 그의 법도를 기억하여 행하는 자에게로다(시 103:9-11, 13, 17-18).

이 표현은 하나님과 언약 공동체의 관계를 보여 준다. 이제 다음 단락으로 이 장을 마치고자 한다.

하나님 사랑에 관해 다르게 말하는 이 구절들에 대한 세 가지 고찰
이 세 가지 고찰은 남은 장들에서 조금 더 풀어놓을 것이다. 그렇지만 실을 조금이라도 엮어 보는 것은 도움이 되리라.

(1) 하나님 사랑에 관해 성경이 이야기하는 이 다섯 가지 방식 중 하나를 절대화하고 배타적인 것으로 여기거나, 하나님 사랑을 이야기하는 다른 방식들을 상대화하여 그것들을 제어할 수 있는 틀로 만들어 버리기가 얼마나 쉬운지는 금방 알 수 있다.

하나님의 삼위일체 내적 사랑에서 시작하여 이것을 하나님이 사랑으로 맺은 모든 관계의 본으로 삼는다면, 우리는 지켜져야 할 구분을 관찰하지 못하게 될 것이다. 성자를 향한 성부의 사랑과, 성부를 향한 성자의 사랑은 완전하고 양쪽 모두 죄로 더럽혀지지 않은 관계로 표현된다. 앞으로 살펴보겠지만, 삼위일체 내적 사랑이 아무리 예수님과 제자들 사이에 오가는 사랑의 본이 될 수 있는 부분이 있을지라도 성부의 사랑이 성자를 구속하거나 성자의 사랑이 용서를 주고받는 것이 될 수는 없다. 하나님의 삼위일체 내적 사랑은 놀랍도록 존귀하며 참으로 경외할 만하지만 이 사랑만을 배타적으로 지향한다면, 하나님의 형상을 담지했으나 반역하는 이들에게 하나님이 어떻게 진노와 사랑과 십자가로 나타나시는지에 대한 설명이 매우 빈약해진다.

하나님의 사랑이 모든 것을 향한 섭리적 질서로만 나타난다면, 우리는 뭔가 신비로운 '포스'와도 같이 선을 베푸는 것과 하나님의 사랑을 그리 다르게 생각하지 않는 셈이 된다. 이러한 견해는 범신론이나 또 다른 종류의 일원론과 통합되기 딱 좋다. 그래서 녹색 생태학이 강화될 수는 있겠지만 우리 주님의 십자가와 부활이라는 방식을 통해 우리를 창조에서 새 창조로, 그리고 새 하늘과 새 땅으로 데려가는 웅장한 서사를 강화하지는 못한다.

하나님의 사랑이 단지 환영하고 열망하며 죄인을 찾아다니는 상사병에 걸린 모습으로만 그려진다면, 우리는 아르미니우스주의, 반(semi)-펠라기우스주의, 펠라기우스주의를 강화시키게 될지도 모른다. 그리고 하나님의 공의와 영광보다 그분의 내적 감정에 더 관심을 가지는 이들 역시 강화시키게 될 것이다. 그리고 그 대가는 엄청날 것이다. 앞으로 살펴보겠지만 이렇게 하나님을 그리는 데는 어느 정도 영광스러운 진리가 있다. 그러나 이런 사랑이 절대화된다면, 마치 상보적 본문들이 존재하지 않는 것처럼 다뤄질 뿐 아니라 하나님에게서는 절대 주권을, 우리에게서는 안정을 빼앗아가게 된다. 이러한 관점이 짝을 이루는 은혜의 신학은 바울의 은혜 신학과 사뭇 다른 것이며, 최악의 경우에는 우리를 구원하기 위해 개입하실 수 없을 뿐 아니라 징계의 막대기도 행사하실 수 없을 정도로 진부한 하나님으로 만들어 버릴 것이다. 그러기에는 하나님의 사랑이 너무 '무조건적'이다. 이는 성경이 말하는 세계와 매우 거리가 멀다.

하나님의 사랑이 오직 그분의 택함 받은 자들을 향한 사랑만 의미한다면, 하나님은 택함 받은 자를 사랑하시고 유기된 자를 미워하신다는 단순하고 절대적인 이분법으로 빠지기 쉬울 것이다. 올바르게 제시된다면 이 주장에도 진리가 있다. 하지만 상보적인 성경적 진리들에서 분리된다면, 같은 주장이 하이

퍼-칼뱅주의(hyper-Calvinism)[12]를 낳게 될 것이다. 나는 개혁파 전통 안에서 누구에게나 복음 전하는 것을 금한 무리를 지칭하기 위해 심사숙고해서 이 표현을 사용하였다. 스펄전은 당대에 이들과 싸웠다.[13] 오늘날 미국에서 이들의 수는 많지 않다. 그러나 복음을 모두에게 전해야 하는 것은 옳지만 자신이 가진 개혁 신학적 요소들과 충돌하지 않으면서 어떻게 복음을 전해야 할지를 전혀 모르는 젊은 개혁파 사역자들에게서 여전히 이 가르침의 영향을 찾아볼 수 있다.[14]

하나님의 사랑을 우리의 순종에 묶어 버리는 담론(예를 들면, "하나님의 사랑 안에 스스로를 지키라")으로만 이해한다면, 우리는 다시 한 번 변화되라고 위협하는 위험에 부딪치게 된다. 주님을 향한 경외보다는 개인적 선호 여부나 반율법주의로 특징지어지는 교회에서는 분명 이 말씀이 의미하는 바가 있다. 이는 참이다. 그러나 하나님의 사랑을 상호 보완해 주는 성경의 목소리들에서 벗어날 때, 이 본문들은 우리를 공로 신학으로 후퇴시킬 것이다. 십자가만이 해방시킬 수 있는 온갖 발작적 죄책감에서

---

12 하나님의 절대 주권과 그에 따른 인간 예정을 지나치게 논리적으로 적용한 나머지 복음 전도와 같은 인간적 노력이 불필요하다고 주장하는 입장이다. _옮긴이
13 Iain H. Murray, *Spurgeon and Hyper-Calvinism* (Edinburgh: Banner of Truth, 1995)을 보라.
14 R. K. McGregor Wright, *No Place for Sovereignty* (Downers Grove, Ill.: InterVarsity Press, 1996)에서도 이런 생각을 찾아볼 수 있다.

벗어나기 위해 우리는 오늘도 끊임없이 하나님의 사랑을 충분히 기뻐했는지 안절부절못할 것이다.

간단히 말해서 우리는 하나님의 사랑이라는 주제에 관해 성경이 말하는 모든 말씀이 필요하다. 그렇지 않으면 교리적, 목회적 결과는 분명 참혹할 것이다.

(2) 이런 식으로 하나님의 사랑을 이해하는 것은 결코 하나님의 사랑을 여러 사랑 가운데 독립적이고 구분된 사랑으로 보는 것이 아니다. 매우 자주 하나님의 섭리적 사랑, 선택하시는 사랑, 삼위일체 내적 사랑 등이 마치 서로 다른 사랑과 아무런 연관 없이 밀폐되어 있는 것처럼 이야기하는 것은 결코 도움이 되지 않는다. 동시에 하나님의 사랑을 이런 식으로 말하면서 하나가 나머지에 의해 묵살되게 해서는 안 된다. 마찬가지로 성경의 증거로 보건대 어느 하나가 다른 나머지를 주관하게 해서도 안 된다. 하나님은 하나님이며, 그분은 한 분이다. 우리가 하나님을 올바르게 생각하고자 한다면 하나님이 완벽한 지혜로 자신의 사랑을 이처럼 여러 방식으로 우리에게 제시하는 것이 최선이라고 여기셨음을 감사함으로 인정해야 한다. 그러면서 또한 이 진리들을 성경이 말하는 정도와 균형으로 통합하는 법을 배워야 한다. 우리는 성경에서 이 진리들이 작동하는 방식을 따라 형성된 통찰과 민감함으로 우리 삶과 우리가 목양하는 이들

의 삶에 이것들을 적용해야 한다.

(3) 지금까지 정립한 틀에 비추어서 몇 가지 특정한 복음주의적 클리셰가 얼마나 바른 근거를 가지고 있는지를 자문하는 것이 좋을 것이다. (a) "하나님의 사랑은 조건이 없다." 하나님의 선택하시는 사랑인 네 번째 의미로 보면 의심할 여지가 없이 옳은 말이다. 그러나 다섯 번째 의미로 보면 분명 사실이 아니다. 하나님이 자신의 자녀들을 훈육하신다는 것은 멋대로 행동하는 십 대를 대하는 부모의 '진노'와 동등한 신적 반응으로 우리를 대하신다는 의미다. 참으로 죄로 빠져들고 있는 그리스도인에게 "하나님의 사랑은 조건이 없단다"라는 클리셰를 인용하는 것은 잘못된 인상을 줄 수 있으며 상당히 해롭다. 이런 그리스도인이 들어야 할 말은 하나님이 말씀하신 바를 행할 때에만 그들이 그분의 사랑 안에 거할 수 있다는 것이다. 그렇다면 서로 다른 상황에 놓인 사람들에게 어떤 말씀과 주제를 적용할지를 아는 것은 목회적으로 중요하다고 할 수 있다. (b) "하나님은 모든 사람을 동일하게 사랑하신다." 이 클리셰는 섭리에 해당하는 두 번째 사랑을 보여 주는 구절들에서는 분명 참이다. 하나님은 의로운 자와 불의한 자에게 동일하게 햇빛과 비를 보내 주신다. 그러나 선택과 관련된 네 번째 분류에 속한 구절에서는 분명 참이 아니다.

다음 장들에서 클리셰 한두 개를 더 살펴볼 것이다. 하지만 이미 성경이 하나님의 사랑에 관해 말하는 구절들은 단순히 슬로건으로 만들어 버리기에는 더 복합적이고 미묘하다는 것이 분명해졌다.

요약하자면 그리스도인의 신실함이란 "하나님은 사랑이시다"라는 고백이 무슨 뜻인지를 이해하면서 성장하는 의무를 포함한다. 남은 장들은 이 목적을 위한 내용을 담고 있다.

The Difficult Doctrine of the Love of God

2장
하나님은 사랑이시다

✕

 요한은 자신의 첫 번째 편지에서 "하나님은 사랑이심이라"라고 말한다(요일 4:8, 16). 성경 기자들은 하나님의 사랑을 놀라운 것, 온전한 경외와 찬양을 받기에 합당한 것으로 말하며, 심지어 그 사랑의 대상이 반역한 인류라는 사실에 경이를 표한다. 그렇지만 "하나님은 사랑이시다"라는 진술은 참으로 무슨 뜻인가?

 우리는 먼저 어떻게 해답을 찾을 수 있을지를 물어야 할 것이다. 한 세대 전 사람들은 주로 단어를 연구하여 이 질문에 대한 답을 찾고자 했을 것이다. 특히 아가파오(ἀγαπάω) 단어 군에 신학적 무게를 부여하려는 경향이 도드라졌다.

 이미 다른 곳에서 이 주제를 논의했으므로 여기서 거듭 반복하지는 않겠다. 그럼에도 내가 쓴 「성경 해석의 오류」(*Exegetical*

Fallacies[1]를 아직 읽어 보지 못했을 수도 있으니 중요한 점만 간단하게 언급하는 약간의 반복은 해롭지 않으리라 생각한다.

잘못된 접근법들

과거에는 많은 사람이 하나님의 사랑과, 그 사랑에서 파생된 그리스도인의 사랑을 특정 단어 군으로 묶고자 했다. 전통적인 방식으로 앤더스 니그렌(Anders Nygren)의 것이 있다.[2] 명사 에로스(ἔρως, 신약에는 나오지 않는다)는 성적 사랑, 이성 간의 사랑을 말하며, 필레오(φιλέω) 단어 군은 감정적 사랑, 우정을 가리킨다는 것이다. 이와 대조적으로 아가파오(ἀγαπάω) 단어 군은 의지적 사랑, 즉 다른 이의 선을 위해 자신을 희생하고자 하는 의지에서 나온 행위를 가리킨다. 아무리 관대하게 보더라도 이 단어 군에서 감정적 요소는 필수가 아니다. 더 나아가 이런 생각은 아가파오 단어 군이 칠십인 역과, 특별히 신약에 굉장히 자주 등장하는 이유가 성경 전통의 기자들이 유대-기독교 계시가 말하는 하나님 사랑의 영광스러운 성격을 담아내면서도 당시 사용되는 것과 구별되는 단어가 필요하다고 인식했기 때문이라고 주장한다. 그래서 그들은 거의 사용되지 않던 이 단어 군을 선택

---

1 *Exegetical Fallacies*, 2nd edition (Grand Rapids: Baker, 1996).
2 *Agape and Eros* (New York: Harper and Row, 1969).

해서 앞서 설명한 의미를 채워 넣었다는 것이다. 그렇게 해서 이 단어 군이 빈도에서나 의미에서 대세를 이루게 되었다는 것이다.

우리는 이 설명이 하나님 사랑을 정당하게 진술하는지를 합당한 방식으로 검증해야 한다. 오늘날 언어학과 의미론 분야에 몸담고 있는 거의 모든 사람에게 상당히 명백하다고 알려진 사실은 사랑에 대한 이러한 이해를 단지 아가파오 단어 군에만 한정할 수는 없다는 것이다. 가장 중요한 이유들을 간략하게 제시하고자 한다.

(1) 사랑을 표현하는 헬라어에 대해서는 세심한 통시적 작업이 진행되어 왔다.[3] 고전기 이전 헬라어 전통에서는, 두 동음이의어 동사가 충돌하였다. '입맞춤하다'라는 퀴네오(κυνέω)와 '임신하게 하다'라는 퀴노(κύνω)다. 두 단어의 어떤 형태는 동일하다. 예를 들어 두 단어의 부정 과거형은 모두 에퀴사(ἔκυσα)다. 이런 현상은 불가피하게 음이 같은 특징을 이용한 외설적인 말장난을 만들어 냈고, 퀴네오(κυνέω)가 도태되고 필레오(예를 들어, 유다가 예수님께 입맞춤할 때 사용된 단어, 눅 22:48)로 대체되었다. 따라

---

[3] 지금까지 가장 중요한(당연히 유일한 기여는 아니다) 것은 다음 책이다. Rober Joly, *Le vocabulaire chreétien de l'amour est-il orginal? dans le grec antique* (brussels: Presses Universitaires, 1968).

서 당연히 이는 필레오가 '입맞춤하다' 또는 '사랑하다'를 의미할 수 있음을 뜻했고, 이것은 아티케 시대(Attic period)에 '사랑하다'를 뜻하는 또 다른 단어가 등장하는 것을 촉진했다. 그리고 아티케 시대 말기와 헬레니즘 태동기가 되자 동사 **아가파오**가 그러한 동사 중 하나가 되었다. 비록 동일 어근을 지닌 명사 **아가페**(ἀγάπη)가 있었다는 증거는 없지만 말이다. 달리 말하면 **아가파오** 단어 군의 등장을 설명해 주는 탁월한 통시적 근거가 헬라어 문헌학에 존재하고 있기 때문에, 성급하게 신학적 설명으로 나아가서는 안 된다는 것이다.

(2) 칠십인 역 구약 성경에서도 **아가파오** 단어 군이 언제나 '더 고상한' 또는 더 고귀하거나 덜 감정적인 사랑을 가리켰는지는 명백하지 않다. 예를 들어 사무엘하 13장(칠십인 역)에서 암논은 자신의 이복누이 다말을 근친 강간한다. 성경은 암논이 다말을 "사랑[했다]"고 말한다. 그의 행동은 악했으며 분명 성적이고 감정적이고 폭력적이었으나, **아가파오**와 **필레오**가 함께 사용되었다.

(3) 첫 장에서 언급했듯이 요한복음에서 우리는 성부께서 성자를 "사랑"하셨다는 두 구절을 볼 수 있다(3:35, 5:20). 첫 번째 동사는 **아가파오**이지만 두 번째 것은 **필레오**다. 둘의 의미 차이를 감지해 내기는 어렵다. 하나님이 첫 번째 경우보다 두 번째 경

우에 더 감정적이셨던 것은 분명 아니다. 바울은 데마가 이 악한 세상을 "사랑"하여 자신을 떠났다고 썼다. 이때 바울이 선택한 동사는 아가파오였다. 아가파오가 다른 이들을 위해 의지적으로 자신을 부인하는 사랑만을 가리킨다면, 이 단어는 어울리지 않을 것이다.

(4) 때로 어떤 사람들은 많은 경우에 매우 유사하게 사용될지라도 의미론적으로 약간의 돌출부가 존재하는 것을 피할 수 없기 때문에 두 단어를 반드시 구분해야 한다고 주장한다. 다른 단어로 대체할 수 없는 경우가 있다는 것이다. 우리가 살펴보았듯이 필레오는 '입맞춤하다'를 뜻하지만 아가파오에는 이런 의미가 전혀 없다. '입맞춤'은 필레오가 지닌 의미론적 돌출부인 것이다. 이는 두 단어의 의미론적 범위 전체가 동일하지는 않기 때문에 어떤 문맥에 있든 두 단어는 언제나 미묘하게 구분되어야 한다는 것을 뜻한다. 이것은 어휘적 차원에서는 정당한 주장일지 몰라도 실제 이런 사실을 뒷받침해 주는 구체적 성경 구절은 없다. 이는 언어학자들이 '부당축의'라 부르는 함정에 빠진 것이다. 어떤 단어의 의미론적 범위 전체를 특정 문맥에서 그 단어에 부당하게 주입하는 것이다.

(5) 영어에서 가장 좋은 예는 동사 'love'(사랑하다)다. 사람들은 이 단어를 성적 관계, 정신적 연애(platonic love), 감정적 사랑,

하나님의 사랑 등을 묘사하는 데 사용한다. 이때는 문맥이 이 단어를 정의하고 제한한다. 성경에 나오는 '**사랑하다**'라는 동사를 정의하듯이 말이다.

(6) 적어도 그리스도인의 사랑에 한해서는 고린도전서 13장의 **아가페**가 '의지적 이타주의'로 환원될 수 없다고 주장할 수 있다. 자신의 몸을 불타도록 내어 주는 그리스도인도, 가난한 자를 먹이기 위해 자신이 가진 모든 것을 내어놓는 그리스도인도(두 경우 모두 타인을 위해 자신을 부인하는 의지적 행위다) 사랑 **없이** 그럴 수 있다. 그리고 사도 바울에 따르면 이것은 그들에게 무익하다. 여기서 우리가 얻을 수 있는 최소한의 결론은 그리스도인의 사랑은 의지적 이타주의로 환원될 수 없다는 것이다.

(7) 구체적으로 추적한 적은 없으나 나는 **아가파오**가 감정과 상관없이 의지적으로 사랑하는 것과 타인의 유익을 위해 헌신하는 것을 가리킨다고 이해하는 것은 지난 세기에 하나님께 감정이 있다는 사실을 부정한 학자나 철학적 신학자의 유산으로 의심된다. 그들에 따르면 감정이 있다는 사실은 피동적 존재라는 뜻이다. 다시 말해 외부의 사람이나 사건에 따라 감정을 느끼는 경향은 분명 하나님의 본성 자체와 공존할 수 없다는 것이다. 따라서 하나님의 사랑은 분명 본질적으로 우리의 사랑과 다르다. 하나님 사랑과 우리 사랑이 서로 닮은 유일한 지점은 자

기 전달이지, 감정이나 정서가 아니라고 주장한다. 그리고 이에 반대되는 성경의 증거(굉장히 많다!)는 단지 신인동정동감론(anthropopathism, 신인동형론[anthropomorphism]의 감정 버전)에 지나지 않는다고 축소 해석한다. 한 세기 전에 찰스 핫지(Charles Hodge)는 이렇게 반응했다.

> 여기서 다시 한 번 우리는 철학적 추측에 지나지 않는 것과, 성경과 우리의 도덕적, 종교적 본성이 명백하게 중언하는 것 사이에서 선택해야 한다. 사랑은 필연적으로 감정을 동반한다. 하나님께 감정이 없다면 사랑도 있을 수 없다. …… 하나님께 감정이 있다고 말하는 것에 대한 철학적 반박은 그분에게 …… 지식이나 의지가 있다고 말하는 것에 반박하는 것과 같은 힘을 가진다. 이 반박이 정당하다면, 하나님은 우리에게 과학자들이 힘이라고 부르는 단지 미지의 원인에 지나지 않을 것이다. 곧 모든 현상의 원인으로 여겨지나 우리는 전혀 알 수 없는 것이라고 말하는 셈이다. 우리는 성경이 말하는 진리의 형태를 붙들어야 한다. 그러지 않으면 모든 것을 잃어버릴 것이다. 우리는 '하나님은 사랑이시다'라고 믿어야 한다. 이 말이 모든 인간 마음에 와 닿는 의미 그대로 말이다. 성경은 우리를 무시하면서 "아버지가 자식을 긍휼히 여김같이 여호와께서는 자기를

경외하는 자를 긍휼히 여기시나니"라고 하신 것이 아니다(시 103:13).⁴

핫지의 특이한 구문들 때문에 논점을 잡기가 어려울 수는 있지만, 그가 주장하는 바는 분명하다. 이 내용이 함의하는 바는 다음 장에서 비피동성 교리를 다루며 생각해 볼 것이다. 여기서 내 주된 초점은 결점이 있는 단어 연구처럼 방법론적으로 예리하지 못한 도구로는 하나님 사랑의 본질을 측량할 수 없다는 것이다.

올바른 접근법_ 문맥 안에서 본문 보기

우리가 해야 할 일은 문맥을 중시하면서 구절들을 연구하는 것이다. 또한 성경에 나오는 특정 주제들이 구속사 전개에서 어떤 위치를 차지하는지를 매우 주의 깊게 살피는 것이다. 물론 이 경우, 하나님의 사랑을 다루는 본문이나 주제가 매우 많아서 간단하게만 다루면 수박 겉핥기 수준밖에 되지 않는다는 문제가 있다. 그러나 겉핥기는 적어도 시작이 될 수 있다. 따라서 나는 하나님의 삼위일체 내적 사랑을 엿보게 해주는 한 구절을 살펴

---

4   Charles Hodge, *Systematic Theology*, 3 vols. (New York: Scribner, Armstrong and Co., 1976)(「조직 신학」, 크리스천다이제스트), 1:428-429.

보고, 그 구절이 책 전체의 중심 주제에 어떻게 이바지하는지를 기초적으로 적용하여 미미하나마 훑어 살펴보려 한다.

내가 염두에 두고 있는 구절은 요한복음 5장 16-30절이다. 이 구절에 나타난 생각의 흐름을 좇아가다 보면 성부와 성자의 관계에 대한 범상치 않은 통찰을 발견하게 된다.

예수님은 막 연못가에서 한 병자를 고치셨다. 그리고 나서 그 병자에게 침상을 들고 걸어가라고 하신다(요 5:8). 고침 받은 사람은 예수님이 시키신 대로 했지만, 그로 인해 안식일 규정을 어겼다고 정죄하는 권세자들과 충돌하게 된다. 유대 학자들은 모세가 안식일에 일을 금했다는 것을 명백히 하고자 다양한 할라코트(*halakhoth*[*halakha*의 복수형], 규율들)를 개발했다. 이 할라카에는 집 밖으로 짐을 가지고 나가는 것과 집 안에서 짐을 어깨보다 높이 들어 올리는 것을 금지하는 법이 포함되어 있다. 이런 규율들이 곧 '안식일에 일하지 말라'는 명령의 의미가 되어버렸다. 이 사람이 예수님께 책임을 넘겨 사람들의 관심을 예수님께로 돌리자(요 5:11) 이제 공식적인 불만은 예수님을 향하게 된다. 예수님이 "안식일에 이러한 일을 행하[셨기]" 때문이다(요 5:16). 여기서 말하는 "이러한 일"이 구체적으로 치유인지, 아니면 규율이 금한 일을 다른 사람이 하도록 부추긴 것인지, 또는 둘 다인지는 그리 중요하지 않다.

예수님은 **할라코트**에 대한 신학적 논쟁에 참여하여 대답하셨다. 그분은 모세 율법이 그렇게까지 구체적이지 않다고, 그분 자신은 다음 날까지 기다려도 상관없는 의료 행위를 굳이 안식일에 해서 초과 근무 수당을 챙기려는 의사가 결코 아니라고, 고침 받은 사람은 안식일에 침상을 들고 걸어가는 것으로 추가 용돈을 버는 일꾼이 아니라고 말씀하실 수 있었다. 그러한 답변들은 상당히 무거운 논쟁을 일으켰겠지만 적어도 신성모독이라는 죄목은 피할 수 있었을 것이다. 그러나 예수님은 그 모든 논쟁을 피하시고, "내 아버지께서 이제까지 일하시니 나도 일한다"라는 말씀으로 자신이 안식일에 행하신 행위에 스스로 권위를 부여하셨다(요 5:17).

이 진술을 이해하려면 두 가지 배경 지식을 이해해야 한다.

(1) 성경에서 '아들 됨'은 대부분 기능적 역할을 한다. 아들은 거의 대부분 결국 부친의 직업을 물려받았기 때문에 '부전자전'이 당시 문화의 전제였다. 예수님은 팔복강화에서 이를 상정하신다. "화평하게 하는 자는 복이 있나니 그들이 하나님의 아들이라 일컬음을 받을 것임이요"(마 5:9). 여기서 드러난 생각은 하나님이야말로 궁극적으로 화평케 하시는 분이므로 화평케 하는 모든 사람은 그런 의미에서 하나님을 닮았으며, 그런 의미에서 하나님의 '아들'이라는 것이다. 이는 '벨리알(Belial, 쓸모없음)의

아들'이나 '위로의 아들'이라는 호칭 뒤에 숨겨진 생각이기도 하다. 이 사람은 매우 쓸모없거나 참으로 격려를 잘하므로 그 아버지 역시 분명 쓸모없는 자였거나 격려를 잘하는 자였으리라는 문화적 전제가 암암리에 깔려 있는 것이다. 따라서 예수님이 "내 아버지께서 이제까지 일하시니 나도 일한다"라고 하신 것은 암시적으로 자신을 하나님의 아들이라고 선언하신 것이다. 그리고 그런 의미에서 하나님의 일하시는 본을 따라 자신도 일할 권리가 있다고 공표하신 것이다.

(2) 1세기 유대 권세자들은 하나님이 안식일을 지키셨는지를 두고 신학적으로 계속 논쟁했다. 한편에서는 하나님이 지키셨다고 했고, 또 다른 편에서는 이를 부정했다. 후자는 하나님이 안식일에 일하지 않으신다면 그분의 섭리도 멈추므로 우주가 붕괴될 것이라고 주장했다. 그러나 전자가 강세였던 것 같다. 그들은 온 우주가 하나님의 집이며, 또한 그분은 우주에 있는 그 어떤 것보다 크시므로 무언가를 그분의 어깨 위로 올린다는 것은 말이 안 된다고 생각했다. 따라서 하나님은 안식일에 **할라코트**를 범할 만한 일을 결코 하지 않으시며, 그러므로 안식일을 지키신다고 주장했다. 물론 이는 하나님이 안식일에도 '일하신다'는 것을 의미했으나(그래야 그분의 섭리로 인한 질서가 유지된다), 안식일을 범하는 방식으로 일하시지는 않는다는 뜻이다.

당연히 이 사안에 대해 이런 식으로 빠져나갈 구멍은 오직 하나님께만 적용된다.

그런데 여기서 예수님은 **하나님이 자신의 아버지이시기 때문에** 안식일에 일을 해도 된다고 선언하신 것이다. 이는 이 사안에 대해 자신은 아버지의 발자취를 따르는 아들임을 암시적으로 선언하신 것이었다. 화평케 하는 자가 하나님의 아들이라고 불릴 것이므로 일반적인 유한자는 모든 측면에서 하나님의 아들이라고 불리는 것이 정당하지 않다. 모든 측면에서 하나님을 닮을 수는 없기 때문이다. 나는 최근에 우주를 창조한 적이 없다. 무에서 **창조하셨다**는 측면에서 나는 하나님의 아들일 수 없다. 유대인들은 안식일에 일하시는 하나님께만 적용되는 이런 빠져나갈 구멍이 하나님의 초월성에 묶여 있으며, 따라서 그분에게만 해당되는 것임을 알고 있었다. 예수님이 하나님을 자신의 아버지라고 주장하며 안식일에 일하는 것을 정당화하신 것은 엄청난 선언을 한 셈이었다. 이제 유대인들은 예수님이 범한 것은 안식일만이 아니라고 이해했다. "하나님을 자기의 친아버지라 하여 자기를 하나님과 동등으로 삼으심이러라"(요 5:18).

물론 유대인들은 옳았다. 그러나 약간의 오류가 있었다. 그들은 예수님이 자신을 하나님과 동등한 존재로, 또 하나의 중심(another God-center)으로 여겼다고 거의 확실하게 생각했다. 암묵적으로 그 죄목은 신성모독이었으며, 양신론(이신론[二神論]이라고도 한다. 두 신이 존재하고, 그 두 신의 관계가 세상을 지배한다는 이론으로 여기서는 하나님과 예수님을 뜻한다_ 편집자)을 세운 것이었다. 다음 구절에서 예수님은 양신론을 절대 허용하지 않으면서 자신이 하나님과 동등하다는 사실을 지켜 줄, 있는 그대로의 근거를 제공하신다. 간단히 말해 예수님은 기독교 단일신론에 대한 원료를 제공하신 것이다. 이야기를 이어 가시는 중에 예수님은 하나님 사랑에 관해 굉장히 중요한 사실들을 말씀하신다. 예수님의 논의를 상세하게 따라가지는 못하겠지만 본문을 훑어가며 다음 논점들을 따라가 보자.

(1) 예수님은 자신을 하나님 외에 다른 신으로 세우고자 했다는 사실을 부정하신다. 전혀 그렇지 않다. 예수님은 성부께 완전하게 의존하시며 종속되어 계신다. 물론 나중에 이 종속은 경이로운 종속으로 드러난다. 한편으로 예수님은 이렇게 말씀하셨다. "내가 진실로 진실로 너희에게 이르노니 아들이 아버지께서 하시는 일을 보지 않고는 아무것도 스스로 할 수 없나니"(요 5:19a). 그러므로 예수님은 결코 또 다른 신으로서 성부와 경쟁하여 그분을 위협하시는 것이 아니다. 또 다른 한편으로 예수님은 오직 성부께서 하시는 것을 보고서야 행하실 수 있다. "**아버지께서 행하시는 그것을 아들도 그와 같이 행하[기]**"(요 5:19b)

때문이다. 예수님이 또 다른 신성이라는 주장은 여기서 자취를 감춘다. 화평케 하는 자의 역할을 한다는 면에서 하나님과 같다고 주장하는 것과, 성부께서 행하시는 것이라면 **무엇이든** 한다는 주장은 전혀 다르다. 사실 두 절(clause)의 관계는 진지하게 살펴보아야 한다. 예수님은 성부와 **동일한 범위**(coextensive)의 행위라는 사실에 기초하여 자신의 기능적 종속을 주장하신다. 예수님은 오직 성부의 행위를 보신 것만 행하실 수 있다(종속). 예수님은 성부께서 하시는 모든 일을 하시기 때문이다(동일 범위의 행위). 이것이 예수님의 아들 됨이 독특한 이유다.

(2) 다음 절(요 5:20)은 성자가 **왜** 성부께서 하시는 모든 일을 하시는지를 알려 준다. 우리는 아버지가 하시는 것이라면 무엇이든 아들도 행한다는 말씀을 본다(요 5:19b). 왜냐하면(가르[γάρ], 요 5:20) 성부는 성자를 사랑하시며 자신이 행하는 모든 일을 그에게 보이시기 때문이다. 이 말에는 산업화 이전의 농경 마을이나 수공업 상점이 전제되어 있다. 그곳에서는 아버지가 아들에게 자신의 모든 것을 세심하게 보여 주어 가족의 전통을 지켜 나갔다. 아버지 스트라디바리우스는 아들 스트라디바리우스에게 바이올린 제작에 관해 알고 있는 모든 것을 보여 주었다. 어떤 나무를 고르고, 어떻게 정확한 비율을 재고, 자르고, 붙이며, 도료에 비소를 정확히 얼마나 넣어야 하는지 등을 말이다. 아버

지 스트라디바리우스가 이렇게 한 것은 아들 스트라디바리우스를 사랑하기 때문이다. 여기서도 마찬가지다. 예수님은 참으로 유일무이하며 비할 데 없는 하나님의 아들이시다. 그렇기 때문에 성부께서는 예수님에게 자신이 하는 모든 일을 보이셨다. 이는 그분을 향한 사랑의 발로였다. 그리고 성자는 비록 성부께 완전히 의존하셨으나 성부께서 하시는 모든 일을 하신 것이다.

(3) 요한 신학의 틀에서 굉장히 중요한 두 가지 함의가 있다. 먼저, 성자는 오직 하나님이 자신에게 주신 것만 행하고 하나님이 말하라고 주신 것만 말함으로 순종하셨다. 한편 그분은 자신의 능력이 가진 기능으로 성부께서 하신 것이라면 무엇이든 행하셨으며, 이를 통해 하나님을 완벽하게 나타내셨다. 달리 말해서 성자가 어떤 때는 성부를 따라 행하시고 또 어떤 때는 스스로 행하셨다면, 우리는 예수님의 행위와 말이 하나님을 드러낸다고 말할 수 없다는 것이다. 그러나 예수님은 성부를 향해 흠 없는 순종과 의존을 드러내셨기 때문에 그분이 우리에게 주시는 계시의 완전성이 보장되는 것이다. 결코 성자의 완전성이 위협당하거나, 우리에게 주시는 하나님에 관한 계시가 위태로워지지는 않았다. 오히려 예수님의 기능적 종속은 완전성을 보장하고 계시를 가능하게 했다. 둘째, 성부께서 놀랍게도 성자를 통해 자신을 드러내신 것은 궁극적으로 우리를 향한 하나님의

사랑이 아니라 독생자를 향한 성부의 사랑 때문이었다. **성부께서 성자를 사랑하셨기 때문에** 이런 방식의 신적 자기 계시가 합당해지는 것이다.

매우 경솔하게도 우리는 구원이 거의 배타적으로 우리만을 위한 것이라고 생각한다. 물론 우리를 향한 성부와 예수님의 사랑이 이 놀라운 일에 대한 무한한 근거가 된다(때가 되면 이 주제로 돌아올 것이다). 그렇지만 더 기초적으로 이 사실을 떠받치고 있는 것은 바로 성자를 향한 성부의 사랑이다. 성자를 향한 성부의 사랑 때문에 성부는 모든 사람으로 성부를 공경하는 것같이 성자를 공경하게 하셨다(요 5:23). 참으로 성자를 향한 성부의 이 사랑이 요한복음 3장 16절을 이해할 수 있게 한다. "하나님이 세상을 이처럼 사랑하사 독생자를 주셨으니." 하나님의 사랑의 대상은 세상이다. 그러나 그 사랑이 대체 얼마나 큰지에 대한 기준은 이미 설정되어 있다. 그 사랑을 무엇으로 측량하겠는가? 하나님은 세상을 이처럼 사랑하사 **자신의 아들**을 주셨다. 바울의 논리도 유사하다. 하나님이 **자신의 아들**을 아끼지 않으셨으니 어찌 그 아들과 함께 모든 것을 우리에게 거저 주시지 아니하겠는가?(로마서 8장 32절 참조) 이 주장은 강력하다. 오직 성부와 성자의 관계가 다른 모든 사랑의 관계의 기준이 되기 때문이다.

(4) 이 본문에 대한 논의를 쏟아 놓기 전에 이쯤에서 성부를 향한 성자의 사랑을 살피는 것이 적절할 듯하다. 요한복음 5장 16-30절에서는 이 주제가 분명하게 드러나 보이지 않으나, 요한복음 다른 곳에서는 잘 드러난다. 성자는 언제나 성부께서 기뻐하시는 일을 행하므로 성부는 성자를 혼자 두지 않으셨다(요 8:29). 성자의 완전한 순종은(예수님은 언제나 성부께서 명하신 대로 행하신다[요 14:31]) 성부를 향한 그의 사랑에 기초한 것이다(요 14:31).

(5) 복음서 기자는 성부께서 성자를 사랑하사 자기가 행하는 것을 다 성자에게 보이셔서 하나님 안에 있는 그 사랑을 나타내신다고 말한다(요 5:20a). 참으로 성부는 성자에게 모든 것을 보이실 것이다. "또 그보다(여기서 '그보다'는 추측컨대 예수님이 이미 이루신 일들을 의미할 것이다) 더 큰 일을 보이사 너희로 놀랍게 여기게 하시리라 아버지께서 죽은 자들을 일으켜 살리심같이 아들도 자기가 원하는 자들을 살리느니라"(요 5:20b-21). 죽이고 살리는 것은 하나님만의 특권이다. 과거 하나님은 간혹 (엘리야와 같은) 인간 대리자를 사용하셔서 사람을 살리기도 하셨다. 예수님은 다르시다. 성부께서 예수님에게 "보이[셨기]" 때문에 예수님은 성부께서 그러신 것처럼 원하는 대로 죽은 자를 살리신다.

본문에 나타난 논의의 흐름을 30절까지 죽 따라가는 것이 신학적으로 유익할 것이다. 이것은 비록 삼위 하나님의 본성에 관해 우리에게 더 많은 것을 알려 주기는 하겠지만, 삼위 하나님 안에 있는 하나님 사랑에 대한 이해를 크게 발전시키지는 않을 것 같다. 따라서 두 가지 관찰을 제시하고 이쯤에서 이 논의를 마무리하려 한다.

몇 가지 종합적 결론

먼저, '성자'(아들)라는 표지는 오직 성육신한 말씀에만 붙여진 것이지, 성육신 전 영광에 거하던 말씀에는 해당되지 않는다는 논쟁이 때로 있어 왔다.[5] 이런 관점은 때때로 이 본문을 근거로 삼기도 했다. 성부께서 '아들'에게 '보이실' 때 시간적 진전이 있는 것 같다. 하나님은 성자에게 시간적으로 뒤에 올 일인 부활을 보여 주셨다. 그렇다면 아들에게 '보이신' 이 모든 것은 아들의 성육신 상태와 깊이 관련된다는 뜻이 된다.

그럼에도 (1) 동일한 본문은 성자가 성부께서 하시는 일을 **무엇이든** 행한다고 주장한다. 이 '무엇이든'이 포괄적이려면 창조 시 하나님의 대리자였던 말씀과 아들이 한데 묶여야 한다(요 1:2-3). 그렇다면 성부께서는 성자에게 영원 전 일들을 '보이셨을'

---

5   어떤 사람들이 성육신 전에는 성자가 없었다고 말하는 주장과 이 관점을 혼동해서는 안 된다. 여기서 언급한 관점은 성육신 전 성자를 인정한다. 그러나 '성자'라는 칭호는 성육신한 존재에게만 붙여진 것이라고 주장하는 것이다.

뿐 아니라 성육신 상태에서 단계마다 있을 일들도 '보이셨을' 것이다. 이렇게 단계적으로 보이신 것들은 육신을 입은 예수님이 무슨 일을 언제 할 것인지에 대한 정확한 동기로 작용했다.

(2) 요한복음 3장 17절과 같은 본문("하나님이 그 아들을 세상에 보내신 것은 세상을 심판하려 하심이 아니요 그로 말미암아 세상이 구원을 받게 하려 하심이라")을 그대로 읽으면 성부께서 보내신 존재가 있으며 그 존재가 다름 아닌 아들이었다는 뜻으로 읽힌다. 그렇다. 이런 표현은 당연히 시간 순서에 전혀 맞지 않는다. "내 아내는 수십 년 전에 영국에서 태어났습니다"라는 말은 아내가 태어났을 때부터 이미 내 아내였다는 뜻이 아니다. 나이 차이가 많이 나는 결혼을 들어봤지만 이것은 말이 안 된다. 그러나 이러한 예외적인 상황은 대체로 문맥을 보면 분명해진다. 이미 말씀이 성육신 전에 존재했다고 가르친(요 1:1, 14) 책에서 3장 17절을 읽는 자연스러운 독법은 '성자'가 바로 그 말씀을 가리키는 호칭이며, 단순히 성육신한 존재에 대한 이름표가 아니라는 것이다.

(3) 여유가 있다면 요한복음 5장 26절에 대한 가장 명료한 해석은 성부께서 성자에게 **영원한** 것을 주셨다는 것임을 설명했을 것이다. 그러면 그 설명 자체로 예수님의 아들 됨이 시간을 초월하며 영원 전까지 이어져 있음을 보일 수 있을 것이다. 본문에서 성부께서 "자기 속에 생명이 있[다]"고 말씀하셨을 때, 가

장 자연스러운 이해는 주어가 하나님이므로 이 구절이 하나님의 자존성을 의미한다고 보는 것이다. 하나님은 어느 것도, 어느 누구도 의존하지 않으신다. "자기 속에 생명이 있[는]" 분이기 때문이다.

그리고 우리는 "자기 속에 생명"이 있으신 하나님이 "아들에게도 생명을 주어 그 속에" 있게 하셨다는 말씀을 본다. 관념적으로 볼 때 이 말씀은 훨씬 어렵다. 본문이 "자기 속에 생명이" 있으신 하나님이 성자도 생명을 가지게 하셨다고만 말했다면 별로 어렵지 않았을 것이다. 그러나 그렇게 되면 성자는 완전히 이차적이며 파생된 존재가 되어 버린다. 이것은 후대에 삼위일체 교리가 배제한 내용이다.

반대로 본문이 성부께서 "자기 속에 생명이" 있으셨으며 성자도 "자기 속에 생명이" 있었다고 말했다면, 관념적으로 전혀 어렵지 않았을 것이다. 다만 그렇게 되면 양신론을 벗어나기 힘들었을 것이다. 사실 본문이 말한 바는 성부께서 "자기 속에 생명"을 가지시며 성자에게도 "생명을 주어 그 속에 있게" 하셨다는 것이다. "그 속에"(life in himself)라는 표현은 이 구절의 두 부분에서 동일한 것을 뜻해야 한다. 그러나 어떻게 이러한 "자기 속에 있는 생명", 즉 자존함이 다른 이에게 주어질 수 있단 말인가?

오래전부터 내려온 해설이 나에게는 여전히 최선인 것 같다. 바로 '영원한 수여'다. 따라서 성자가 "자기 속에 생명"이 없던 때는 없었다. 이 영원한 수여는 성부와 성자가 맺은 영원한 관계의 본질을 보여 준다. 이것이 사실이라면 성부와 성자는 언제나 이 관계에 있었을 것이기 때문에 예수님의 아들 됨은 단지 그분이 육신을 입고 계셨던 시기에 국한될 수 없다.

(4) 영원 전의 경험을 공유했다는 관점에서 예수님이 하나님을 성부라고 부르는(따라서 자신을 성자로 생각하셨음을 함의하는) 구절들이 있다(특히 요한복음 17장 5절을 보라. "아버지여 창세전에 내가 아버지와 함께 가졌던 영화로써 지금도 아버지와 함께 나를 영화롭게 하옵소서").

그렇다면 성자를 향한 성부의 사랑과, 성부를 향한 성자의 사랑은 우리가 이제까지 살펴보아 왔듯이 단지 성육신 시기에만 국한된 특별한 관계가 아니라 본질적으로 삼위일체 내의 관계여야 한다는 결론이 따라온다.

그렇다면 이제 우리는 영원 전부터, 심지어 어떤 것도 창조되기 전부터 타자 지향적인 사랑의 하나님이라는 그림을 갖게 된다. (예를 들어) 알라는 이렇게 설명될 수 없다. 성경의 하나님은 한 분이기 때문에 연합체로서 다자(plurality-in-unity)인 이 특성이 하나님으로서 마땅한 자기중심성(self-focus)을 결코 파괴하지 않는다. 앞 장에서 살펴보았듯이 하나님은 하나님이기에 질투하실 수 있다. 그분을 모든 것의 중심이 아닌 다른 것으로 생각하고, 마땅히 경배하고 높임 받아야 하는 분으로 생각하지 않는 것은 그분의 하나님 됨 자체를 깎아내리는 것이다. 그분은 온전히 합당한 자신의 영광을 다른 자에게 나누지 않으시는 분이다(사 42:8).

이것이 성경 전체가 하나님에 관해 드러내는 전부라면, 우리는 그 안에서 타협할 수 없는 공의의 거룩하신 하나님을 읽게 될 것이다. 그러면 사랑은 어떠한가? 알라의 사랑은 섭리적이다. 첫 장에서 보았듯이 이는 성경이 하나님에 관해 말하는 방식 중 하나다. 그러나 여기서는 그것을 넘어선다. 영원 전에 성부는 성자를 사랑하셨고 성자는 성부를 사랑하셨다. 타자 지향적인 하나님의 사랑은 **언제나** 존재했다. 하나님의 사랑을 표현하는 모든 것은 바로 이 깊고 깊은 가장 근원적인 실재에서 솟아온다. 사랑은 하나님의 본성 자체에 묶여 있다. 하나님은 사랑이시다.

둘째, 성자를 향한 성부의 사랑과 성부를 향한 성자의 사랑 사이에 있는 **차이**를 주의하라. 성부는 명령하시고 보내시고 말씀하시고 임무를 부가하시며, 성자에게 모든 것을 '보이심'으로 성자를 향한 자신의 사랑을 드러내신다. 그래서 성자는 성부께서 하시는 모든 일을 행하게 된다. 성자는 순종하시며, 성부께서 말하도록 주신 것만 말씀하시고, 성부께서 하도록 주신 것만 행하시며, 보냄 받은 자로 이 세상에 오신다. 그리고 바로 이 순종을 통해 성부를 향한 자신의 사랑을 드러내신다. 성부께서 성자에게 순종했다거나 말과 행동을 성자에게 의존했다는 내용은 단 한 번도 암시조차 되지 않는다. 역사적으로 그리스도인들은 성자께서 하나님과 동일 실체 또는 동일 본질이라는 사실을 강조하여 아리우스주의의 함정을 피하고자 했다. 하지만 성자는 성부께 경륜적 또는 기능적으로 종속되어 계셨다.[6]

---

[6] 이 문제는 오늘날 상당히 첨예한 주제인 남녀 역할에 대한 논쟁과도 묶여 있어서 최근 특별히 많은 출판물이 등장하고 있다. Royce Gruenler, *The Trinity in the Gospel of John* (Grand Rapids: Baker, 1986)은 상호 '존중'(defer)한다는 것을 근거로 성자께서 성부에 대해 어떤 기능적 종속도 없다고 주장한다. 성부께서는 성자가 구한 것을 중심으로 그를 '존중'하신다. 그러나 이는 '존중'이라는 기치 아래 제4복음서(요한복음)가 그리는 성부와 성자의 역할에 대한 엄청난 차이를 묻으려는 헛된 시도다. 축구 경기장으로 데리러 와달라는 아들의 요청을 내가 '존중'한다고 해서 아들이 내게 요청하는 것과 내가 아들에게 요청하는 것이 같다거나, 아들을 향한 나의 사랑이 아들에게 순종하는 것으로 드러난다고 말할 수는 없기 때문이다. 최근 글인 Gilbert Bilezikian, "Hermeneutical Bungee-Jumping: Subordination in the Godhead," *JETS* 40 (1997), 57-68쪽은 여성의 역할에 관한 논쟁에서 상대방 주장은 이 문제에서 이단적 가르침에 치근덕대는 것이라고 주장한다. 삼위 하나님 내의 종속은 영원 전으로 거슬러 올라가는 것이 아니라 성육신으로 한정되는 것이기 때문이다. 이는 남녀가 서로를 위해 자신을 부인할 것을 가르친다. 이렇게나 많은 석의적 오류와 역사적 오해, 과하게 화려한 문체가 세밀하게 뒤섞여 종합된 글을 찾기도 쉽지 않다. 그럼에도 나는 그가 끝에 현대 논쟁들에서 "삼위일체로 장난"치지 말라고 한 주장에는 완전히 동의한다.

특히 Paul K. Jewett, *God, Creation, and Revelation: A Neo-Evangelical Theology* (Grand Rapids: Eerdmans, 1991), 322-323쪽의 논의는 상당히 정확하다. 그는 본성상 성부께는 종속이 없으나 많은 사람이 경륜적 또는 기능적 종속이라고 부르는 관계는 존재한다는 것이 역사적 관점임을 인정한다. 그는 이를 "성자의 자유로운 행위"라고 생각하기를 좋아한다. 나는 이것이 적합한 표현인지는 확신이 없으나, 그렇더라도 여성이 가진 역할들 내에 존재하는 차이에 대해 자유롭게 행동하는 것 말고 다른 관점을 상보주의자가 주장하는 것은 상상하기가 어렵다.

우리가 다루는 주제에서 우리의 관심을 끄는 것은 성자를 향한 성부의 사랑이 나타나는 것과, 성부를 향한 성자의 사랑이 나타나는 것 사이의 차이를 본문이 어떻게 구별했느냐다. 그리고 이어서 이런 사랑이 그리스도인의 행위와 경험에 어떻게 계속적으로 작용하느냐다. 이는 다양한 방식으로 기능한다. 그중 한 가지 정도만 다루고자 한다.

요한복음 15장에서 예수님이 제자들에게 말씀하신다. "아버지께서 나를 사랑하신 것같이 나도 너희를 사랑하였으니"(요 15:9). 우리는 이제 성자를 향한 성부의 삼위일체 내적 사랑에서 자신의 백성을 구속하심으로 보이신 성자의 사랑으로 옮겨 간다. 예수님은 이제 성부의 사랑을 전하는 중보자가 되신다. 사랑을 받으셨으므로 그분은 사랑하신다. 그리고 예수님은 덧붙이신다. "나의 사랑 안에 거하라 내가 아버지의 계명을 지켜 그의 사랑 안에 거하는 것같이 너희도 내 계명을 지키면 내 사랑 안에 거하리라"(요 15:9b-10).

평행 구조를 깊이 생각해 보라. 삼위 하나님 안에서 보이신 예수님의 완벽한 순종은 성부를 향한 성자의 사랑을 나타내는 표지라는 사실을 배웠다(요 14:31). 이것이 바로 영원한 성자께서 자신을 향한 성부의 사랑 안에 거한다는 뜻이다. 이는 **관계적인 문제다**(즉, 성부와 성자는 서로에게 이런 방식으로 연결되어 있다). 그러면서도 동시에 **법적인 문제다**(즉, 전능하신 하나님이 제정하신 방식이다). 하나님의 존재 자체에 있는 이러한 (관계적이면서도 법적인) 사랑의 모습은 (예수님에 따르면) 예수님과 우리가 맺은 관계의 본이자 동기가 된다. 우리가 예수님을 사랑한다면 우리는 예수님께 순종할 것이다(요 14:15). 여기서 우리가 예수님께 순종한다면 우리는 그분의 사랑 안에 거하는 것이다. 그리고 그렇기 때문에 예수님과 우리의 관계는 예수님과 하늘 아버지의 관계를 반영한다. 이것이 다름 아닌 요한복음 17장의 주요 주제다.

이어서 명백하게 이 본문은 우리가 이제까지 충분히 생각해 온 요한복음 5장으로 거슬러 올라간다.

> 너희는 내가 명하는 대로 행하면 곧 나의 친구라 이제부터는
> 너희를 종이라 하지 아니하리니 종은 주인이 하는 것을 알지
> 못함이라 너희를 친구라 하였노니 내가 내 아버지께 들은 것을
> 다 너희에게 알게 하였음이라(요 15:14-15).

예수님이 종(δοῦλοι[둘로이], '하인'이 아니다)과 친구를 구분하신 것에 주목하라. 이 구분은 먼저 우리를 놀라게 한다. 예수님의 명령을 따른다면 우리는 예수님의 친구다. 이 설명은 종을 정의한 것처럼 들린다. 당연히 이런 친구 관계는 상호적이지 않다.

내가 명하는 것을 예수님이 다 행하신다면, 나도 방향을 바꾸어 예수님의 우정에 감사하며 그분을 내 친구라 부를 수는 없다. 이상한 말이지만, 성경은 예수님이나 하나님을 단 한 번도 '우리의 친구'로 표현하지 않았다. 아브라함은 하나님의 친구였다. 하지만 그 반대로 언급된 적은 한 번도 없다.

물론 어떤 의미에서 예수님은 가련한 죄인이 사귈 수 있는 최고의 친구시다. 그럼에도 이는 성경의 용어는 아니다. 성경은 하나님이나 예수님을 우리 수준으로 끌어내리는, 일종의 값싼 친밀감까지 내려오시게 하는 것은 꺼리는 듯하다. 그렇다면 이 문맥에서 예수님이 말씀하시는 종과 친구의 차이는 무엇인가? 우리 문화는 종은 순종하지만, 친구는 순종할 수도 있고, 그러지 않을 수도 있다고 가르친다. 하지만 이는 분명 예수님이 생각하신 차이가 아니다.

예수님이 우리를 친구라고 하신 것은 그분이 성부께 배우신 모든 것을 우리도 알게 하셨기 때문이다. 한 육군 대령이 어느 부대원에게 허머(오프로드 차량 상표명_ 편집자)를 몰고 오라고 명령했다. 그런데 그 부대원이 대령에게 정확한 이유를 알려 줄 것과, 대령이 본부에서 시간을 보내는 동안 자신이 그 허머를 개인용으로 이용할 수 있도록 허가해 줄 경우에만 그렇게 하겠다고 말한다면, 그 부대원은 6개월 동안 식기 당번을 하겠다고 말한 셈이다. 그러나 대령이 이 부대원 가족과 수년간 친구였고, 그가 자라는 것을 지켜본 사람이라고 해보자. 그는 이 부대원에게 이렇게 말했을 것이다. "짐, 허머 좀 몰고 와 주겠나? 내가 있는 본부까지 운전해 왔으면 하네. 난 본부에 두 시간 정도 있을 건데, 그 사이에 차를 써도 된다네. 오후 4시에 나를 데리러 오는 것만 잘 지키길 바라네." 이 경우에도 물론 부대원은 대령에게 순종해야 한다. 두 경우의 차이는 모든 정보가 전달되었느냐다. 순종의 차이가 아니라 정보의 차이, 계시의 차이인 것이다.

하나님의 백성은 이제 종이 아니다. 구속사의 이 시점에서 하나님의 온전한 계시는 완전하게 순종하시며, 따라서 완전하게 하나님을 드러내신 성자를 통해 우리에게 주어졌다. 우리는 **이제** (구속사적 의미에서) 종이 아니라 친구다. 그리고 이 변화는 하나님이 자신의 아들을 이 세상에 **보내셨고** 성자께서 거기에 **순종하심**으로, 성부가 성자를 향한 **사랑**으로 모든 사람이 성부께 돌려야 할 영광과 동일한 영광을 성자에게 돌리도록 하심으로, 그리고 성부와 성자가 하나님이 정하신 때에 완벽한 계획과 비전의 조화 속에서 각자의 역할(성부는 보내시고 임무를 부여하시고 '보이시고', 성자는 오시고 나타내시며 '보이신' 것을 드러내시고 순종하사 십자가를 향해 가신 것)을 감당하심으로 가능하게 된 것이다. 그리고 새 언약의 상속자들인 우리는 이 경이로운 계획에 포함되는, 즉

량할 수 없는 특권을 가지게 되었다. 우리는 하나님의 친구다.

우리가 하나님의 친구인 것은 영원 전부터 하나님이 마음에 품으신 구속 계획이 우리가 존재하는 시공간의 역사 속에서 정확한 때에 터져 나와서 정하신 때에 그 계획이 온전히 이루어지게 하신 하나님의 삼위일체 내적 사랑의 덕택이다. 바울의 표현대로 때가 차매 하나님이 자신의 아들을 보내셨다(갈 4:4). 그리고 우리는 그 하나님의 사랑으로 구원받는, 측량할 수 없는 특권을 가졌을 뿐 아니라, 그 사랑을 보고 알며 하나님의 마음으로 들어갈 수 있게 된 것이다. 하나님은 사랑이시다. 그리고 우리는 하나님의 친구다.

3장
하나님의 사랑과 하나님의 절대 주권

✕

정리해 보자. 첫 장에서 나는 하나님 사랑의 교리를 논하기 어렵게 만드는 몇 가지 요인을 요약했다. 어떤 것들은 문화적인 것이었고, 또 어떤 것들은 하나님 사랑에 관해 성경이 말하는 다양하고 상보적인 부분들을 통합하려다가 생긴 결과였다. 더 나아가 전지전능하며 절대 주권을 지니고 초월적인(즉, 시간과 공간을 넘어선) 하나님의 사랑이란 어떤 모습인가? 이어서 나는 간략하게 성경이 말하는 다섯 가지 하나님의 사랑(그분의 삼위일체 내적 사랑, 섭리적 사랑, 죄인들에게 호소하시는 애절하며 구원하시는 사랑, 선택하시는 사랑, 조건적 사랑)을 요약하고, 어느 하나가 절대화되었을 때 무엇이 잘못될 수 있는지를 제시하였다.

2장에서 우리는 하나님의 삼위일체 내적 사랑을 드러내는 몇몇 본문을 간략하게 살펴보고 거기서 도출될 수 있는 것들을 생각해 보았다.

이 장은 인간을 향한 하나님의 사랑에 초점을 맞춘다. 그중에서도 특별히 그분 자신의 초월성과 주권과 관련한 것이다. 자료를 정리하기 위해 세 가지 논점을 제시하고자 한다.

하나님 사랑의 감정적 요소

우리는 이미 하나님 사랑을 감정적 내용을 제거하고 다른 사람의 유익을 위해 기꺼이 헌신하는 것으로 여기는 측면에 대해 살펴보았다. 문헌학은 이런 관점을 지지하지 않는다. 사도 바울이 사랑 없이도 가장 경이로운 수준의 이타주의를 보일 수 있다고 역설한 고린도전서 13장 역시 이러한 관점을 지지하지 않는다. 그럼에도 하나님의 사랑이 지닌 생동하고 감정적인 요소가 압도적인 특정 본문들을 들어보기 위해 잠시 멈춰 살펴볼 가치는 있다.

가장 충격적인 본문 중 하나는 바로 호세아 11장이다. 물론 호세아의 예언 전체는 하나님 사랑을 놀랍게 묘사한다. 전능하신 하나님은 바람난 아내에게 배반당한 남편에 비유된다. 그러나 언약 민족을 향한 하나님 사랑의 강도는 호세아 11장에서 절정에 달한다. 하나님은 선언하신다. "이스라엘이 어렸을 때에 내가 사랑하여 내 아들을 애굽에서 불러냈거늘"(호 11:1).

그러나 하나님이 부르실수록 이스라엘은 더 엇나갔다. 그들을 돌보시고 걸음마를 가르치시고 고치신 분은 하나님이었다. 하나님은 그들을 "사랑의 줄로" 이끄셨다(호 11:4). 그럼에도 그들은 하나님을 알아보지 못했다. 그들은 바알과, 그들이 사랑한 우상들에게 제사했다. 결국 하나님은 심판을 약속하신다. 그들은 "애굽"과 앗수르로, 즉 포로로 잡혀가게 될 것이다. "돌아오기를 싫어" 했기 때문이다(호 11:5). 그들의 성읍은 파괴될 것이다(호 11:6). "내 백성이 끝끝내 내게서 물러가나니 비록 그들을 불러 위에 계신 이에게로 돌아오라 할지라도 일어나는 자가 하나도 없도다"(호 11:7). 이제 돌이킬 수 없는 심판이 선고된 것처럼 들린다.

그러나 이어서 하나님은 이런 생각 자체를 견딜 수 없어 하시는 것만 같다. 감정적으로 고조되어 고통을 겪는 중에 하나님은 울부짖으신다.

> 에브라임이여, 내가 어찌 너를 놓겠느냐
> 이스라엘이여, 내가 어찌 너를 버리겠느냐
> 내가 어찌 너를 아드마같이 놓겠느냐
> 어찌 너를 스보임같이 두겠느냐

내 마음이 내 속에서 돌이키어 나의 긍휼이 온전히 불붙듯하도다

내가 나의 맹렬한 진노를 나타내지 아니하며

내가 다시는 에브라임을 멸하지 아니하리니

이는 내가 하나님이요 사람이 아님이라

네 가운데 있는 거룩한 이니

진노함으로 네게 임하지 아니하리라

그들은 사자처럼 소리를 내시는 여호와를 따를 것이라

여호와께서 소리를 내시면

자손들이 서쪽에서부터 떨며 오되

그들은 애굽에서부터 새같이,

앗수르에서부터 비둘기같이 떨며 오리니

내가 그들을 그들의 집에 머물게 하리라

나 여호와의 말이니라(호 11:8-11).

이 장 전체는 장차 임할 것으로 약속된 심판이 마지막이 아니라는 의미를 담고 있다. 포로기 끝에는 포로에서 귀환하는 일이 있을 것이다. 전체 문맥을 볼 때, 하나님이 스스로 마음을 바꾸셔서 매우 측은히 여기는 마음이 끓어오른다고 선언하신 것은 하나님이 자신의 생각을 바꾸셔서 몇 구절 전에 자신이 정한 징벌에서 이스라엘을 살리겠다는 뜻이 아니다. 그것이 아니라

영원한 심판의 장기적인 위협이 보류되리라는 뜻이다. 하나님은 그들을 애굽과 앗수르에서 데려오실 것이다.

한 측면에서 이는 포로기 전 선지자들에게 일반적인 일이었다. 이 장에 드러난 감정적 격렬함은 우리의 관심을 끈다. 그렇다고 놀랄 일은 아니다. 하나님은 끊임없이 자신을 (십계명에서 말씀하시듯이) 질투하는 하나님으로, "인자와 진실"(love and faithfulness)이 많은 하나님으로 나타내신다. 이 영광스러운 단어 쌍은 구약에서 일관되게 반복되며, 하나님이 허락하실 때까지 모세가 바위틈에 숨어 그분의 영광과 같은 빛이 지나가는 것을 엿볼 때 들은 말이기도 하다(출 34:6). 하나님은 슬퍼하신다(시 78:40, 엡 4:30). 하나님은 기뻐하신다(사 62:5). 하나님은 자신의 대적들에게 맹렬히 진노하신다(출 32:10). 하나님은 긍휼히 여기신다(시 103:13). 그리고 우리가 이제까지 살펴보았듯이 하나님은 사랑하신다. 참으로 영원한 사랑으로 사랑하신다(사 54:8, 시 103:17).

우리는 하나님의 사랑을 또 다른 측면에서 볼 수 있다. 요한일서 4장 7-11절과 같은 구절에서 신자는 하나님이 사랑이시기 때문에 서로 사랑하라는 명령을 받는다. 참으로 하나님은 사랑이시다. 하나님의 사랑이 최고로 표현된 지점은 우리 죄를 대신할 '화목 제물'로 자신의 아들을 보내신 것이다. 요한은 이렇게 결론짓는다. "사랑하는 자들아 하나님이 이같이 우리를 사랑하셨은즉 우리도 서로 사랑하는 것이 마땅하도다"(요일 4:11). 무엇을 말하고 싶은지 알겠는가? 하나님의 사랑에 어떤 차이가 있다 하더라도 하나님의 사랑과 그리스도인의 사랑은 같은 단어로 표현되며 하나님의 사랑은 우리 사랑의 본이자 근거가 된다. 의심할 여지 없이 하나님의 사랑은 우리의 사랑보다 측량할 수 없을 만큼 풍성하다. 여전히 우리는 그 사랑을 알아 가야 한다. 그러나 이 둘은 같은 종류(genus)다. 그렇지 않다면 이 둘(하나님의 사랑과 우리의 사랑) 사이에서 유사점을 끄집어낼 수 없다.

여러 기독교 전통은 하나님의 비피동성을 긍정한다. 웨스트민스터 신앙 고백은 하나님이 "감정이 없으시다"라고 주장한다. 그러나 이것을 하나님이 전혀 감정이 없으시다는 뜻으로 이해해야 하는 것이라면, 이는 매우 비성경적인 것으로 반박되어야 한다. 비피동성에 관한 가장 정통한 논의는 결코 그렇게 단순하지 않다. 아리스토텔레스가 비피동성을 주장하는 이들에게 어느 정도 인지할 수 있는 수준의 영향을 주긴 했지만, 비피동성은 하나님이 변덕스럽고 감정 기복에 휘둘리며 자신이 창조한 존재에 의존하는 분이라는 그림을 최대한 피하고자 한 것이다. **우리의 감정은 우리의 방향을 형성하며, 대부분의 경우에 우리의 의지를 제어한다. 그렇다면 하나님에 관해서는 어떻게 말해야 할까?**

이 질문이 우리를 두 번째 지점으로 데려간다.

하나님의 주권과 초월성

이쯤에서 내가 말하고자 하는 바를 다섯 부분으로 정리하는 것이 유용할 것이다. 먼저 당신은 이것이 보충 설명이 아니라 하나님 사랑에 관한 우리 연구에 매우 깊이 연관되어 있다는 사실을 반드시 인지해야 한다. 내가 이후 몇 문단에서 말하는 것들은 조금 불완전하긴 하지만 이어지는 논의에 필수적인 요약이다.

(1) 하나님은 완전히 절대적인 주권을 가지시며(그분은 전능하시고 전지하시다) 초월적이시다(그분은 스스로 시간과 공간을 초월하여 존재하신다. 즉, 존재 자체에 한계를 지닌 창조 질서 위에 계신다). 하나님은 전능하시다. 즉, 그분은 원하는 모든 것을 행하실 수 있다. 그분께는 할 수 없는 일이 없으며(렘 32:17), 그분은 전능하시다(고후 6:18, 계 1:8). 예수님도 하나님으로서는 다 하실 수 있다고 피력하셨다(마 19:26). 그분의 절대 주권은 별들이 그 궤도에서 움직이는 것과, 참새가 떨어지는 것과, 내 머리카락을 정확히 세시는 데까지 이른다. 우리가 주사위 두 개를 던졌을 때 어떤 숫자가 나올지는 하나님의 결정에 달려 있다(잠 16:33). 전도서는 고대인들이 물의 순환을 알았다는 것을 보여 준다. 그러나 그럼에도 성경 기자들은 하나님이 비를 보내신다고 표현하기를 좋아한다. 하나님은 이신론(deism)의 신처럼 멀리 떨어진 하나님이 아니시다. 높임 받으신 성자를 통해 자신의 능력의 말씀으로 만

물을 붙드신다(히 1:3). 참으로 그분은 "모든 일을 그의 뜻의 결정대로 일하시는" 분이다(엡 1:11). 이러한 하나님의 다스림은 무생물에게 하듯이 지각 있는 존재에까지 이른다. 하나님은 자신이 보기에 적절한 방향으로 왕의 마음을 움직이실 수 있다(잠 21:1). 하나님은 진흙 한 덩이로 귀히 쓸 그릇과 천히 쓸 그릇을 따로 만들 권리가 있는 토기장이시다(롬 9:21). 전능하신 하나님께 난이도라는 것은 존재하지 않는다.

또한 하나님은 모든 지식을 누리신다. 그분은 모든 것을 아실 뿐 아니라 심지어 다른 조건에서는 어떠했을지(철학자들이 대체로 '중간지식'이라고 부르는 것)도 아시며, 이를 고려하여 심판하신다(마 11:20-24). 우리가 '자유로운 우발적 미래 결정'이라 이름 붙인 것을 하나님은 모두 알고 계신다는 것을 보여 주는 예는 수없이 많다(예를 들면, 사무엘상 23장 11-13절). 하나님의 지식은 완전하다(욥 37:16). "하나님은 결과를 추론하시거나, 대답하시기 전에 심사숙고할 필요가 없으시다. 그분은 시작부터 끝까지 다 아시며, 결코 배우시거나 어떤 것도 잊지 않으시기 때문이다"(시편 90편 4절, 베드로후서 3장 8절 참조).[1] 우주의 창조자라는 바로 그 이유로 하나님은 우주에서 독립하여 존재하셔야 한다. 참으로 이사

---

1 Wayne Grudem, *Systematic Theology: An Introduction to Biblical Doctrine* (Grand Rapids: Zondervan, 1994)(「웨인 그루뎀의 조직 신학」, 은성), 191쪽.

야는 우리의 상상력을 확장시키는 탁월한 표현을 사용하여 하나님이 "영원히 거하시며"(사 57:15) 또는 "영원히 살아 계시며"(새번역)라고 확증한다.

(2) 하나님의 절대 주권은 선택까지 확장된다. 이때 선택이란 이스라엘 민족을 택하신 하나님의 결정을 의미할 수도 있고, 하나님 백성 전체를 택하신 결정이나 개인을 택하시는 결정을 의미할 수도 있다. 하나님이 개인을 택하시는 것은 구원을 위한 것일 수도 있고 특별한 임무를 위한 것일 수도 있다. 선택은 하나님께 매우 중요한 것이어서 실제로 야곱과 에서가 태어나기도 전, 따라서 선도 악도 전혀 행하지 않았을 때부터 하나님은 야곱을 택하셨다. 이는 "오직 부르시는 이로 말미암아 서게 하[시기]" 위해서였다(롬 9:11).

심지어 사도행전에서 새로운 회심자가 상당히 다양한 방식으로 묘사될 때에도 신약 기자들은 전혀 불편하지 않은 방식으로 편안하게 하나님의 택하심을 언급한다. 우리는 자주 "예수님을 나의 개인적인 구주로 모신다"고 말한다. 이는 성경에서 찾을 수 없는 표현이다. 종합적으로 볼 때 반드시 틀린 표현이라고 말할 수는 없지만 말이다. 그러나 사도행전은 전략적으로 진행된 복음 전파를 요약하며 "영생을 주시기로 작정된 자는 다 믿더라"라고 보고한다(행 13:48). 그리스도인에 관해 쓰면서 바울은 하나님이 "창세전에 그리스도 안에서 우리를 택하사 …… 우리를 예정하사 예수 그리스도로 말미암아 자기의 아들들이 되게 하셨[다]"(엡 1:4-5. 요한계시록 13장 7-8절, 17장 8절 참조)고 말한다. 참으로 하나님은 태초부터 데살로니가의 회심자들을 택하사 구원을 받게 하셨다(살후 2:13).

하나님의 선택은 심지어 천사들에게까지 이른다(딤전 5:21). 이는 선택이 단지 구원에 관한 것이 아니라 하나님이 모든 것을 다스리는 절대 주권의 기능을 지니셨다는 사실을 보여 주는 것이다(타락한 인류를 위한 구속자는 있었으나 타락한 천사들을 위한 구속자는 없었기 때문이다). 우리는 택함 받은 족속이다(벧전 2:9).

더 나아가 주님의 택하시는 사랑은 변함이 없다. 성부께서 성자에게 주시는 자는 다 성자께 갈 것이다. 그리고 우리는 성자께서 그중 한 사람도 잃어버리지 않을 것이라는 내용을 읽는다. 예수님은 성부 하나님의 뜻을 행하기 위해 하늘에서 내려오셨기 때문이다. 그리고 성부의 뜻은 자신이 성자에게 주신 이들을 성자 예수님이 하나도 잃지 않는 것이다(요 6:37-40). 달리 말하자면 성부께서 성자에게 주신 이들 중 하나라도 잃는 것은 성부의 명백한 명령을 순종할 수 없거나 순종하고자 하지 않았다는 것이다. 그렇다면 예수님이 자신의 양을 안다고 말씀하시며 누구도 자신의 손에서 그 양들을 뺏을 수 없다고 말씀하신 것을 읽을 때 우리는 놀랄 이유가 없는 셈이다.

(3) 그리스도인은 운명론자가 아니다. 기독교 전통의 주요 흐름은 하나님의 절대 주권을 희생시키지 않으면서 동시에 그분의 형상을 담지한 자들의 의무를 축소하지도 않는다. 철학적 신학 영역에서는 이 관점을 **양립 가능론**(compatibilism)이라고 부른다. 하나님의 무조건적 절대 주권과 인간의 책임이 양립할 수 있다고 보는 것이다. 어떻게 양립할 수 있는지를 보일 수 있다고 주장하는 것은 아니다. 단지 결코 양립할 수 없다고 말하는 것은 잘못되었다는 데까지는 증거와 논증을 제시할 수 있다는 것이다. 또한 이에 대한 합당한 증거들이 있기 때문에 둘이 양립할 수 있다고 보는 것은 완전히 합리적이라고 보는 것이다.[2]

성경적 증거는 상당히 강력하다. 요셉이 두려워 떠는 형들에게 자신을 노예로 팔아넘길 때 그들은 악을 의도했으나 하나님은 선을 의도하셨다고 말한 것(창 50:19-20)은 양립 가능론을 상정한 것이다. 요셉은 그 사건이 악한 인간의 계략에 하나님이 간섭하셔서 선한 결과를 내신 것이라고 생각하지 않는다. 하나님의 뜻은 멋진 인도자와 세련된 수레를 보내시는 것이었는데 불

---

2   나는 이 주제에 대해 다음 책에서 상당한 분량으로 다루었다. *Divine Sovereignty and Human Responsibility* (Atlanta: John Knox, 1981 [repr. Grand Rapids: Baker, 1994])와 *How Long, O Lord? Reflections on Suffering and Evil* (Grand Rapids: Baker, 1990)(「위로의 하나님」, 기독교문서선교회), 특히 11-12장.

행하게도 형들이 그 계획을 망쳐 버리고, 불쌍한 요셉은 노예로 팔려 가게 된 것이라고, 그래서 참 유감이라고 상상하지도 않는다. 도리어 한 사건에서 하나님은 일하고 계시며 그분의 뜻은 선했고, 형들 역시 일하였으며 그들의 뜻은 악했다는 것이다.

이사야 10장 5절 이하에서 앗수르에 대해 말씀하실 때, 하나님은 그들이 악한 이스라엘을 벌하는 데 사용되는, 당신 손에 들린 도구에 지나지 않다고 말씀하신다. 그럼에도 앗수르는 자신을 그렇게 생각하지 않았기 때문에, 즉 자신의 힘과 능력으로 그 모든 일을 행하고 있다고 생각했기 때문에 주님은 그들을 도구로 사용하신 뒤에 돌이켜 그들을 찢어 그들의 교만을 벌하실 것이다. 이것이 양립 가능론이다. 성경에는 이런 구절 수십 개가 구약과 신약 전체에 흩어져 있다.

아마 가장 충격적인 양립 가능론의 예는 사도행전 4장 23-29절일 것이다. 교회는 첫 핍박을 겪고 있다. 베드로와 요한은 무슨 일이 있었는지 보고한다. 교회는 하나님께 시편 2편의 표현으로 기도한다. 그들의 기도는 이렇게 계속된다.

> 과연 헤롯과 본디오 빌라도는 이방인과 이스라엘 백성과 합세하여 하나님께서 기름 부으신 거룩한 종 예수를 거슬러 하나님의 권능과 뜻대로 이루려고 예정하신 그것을 행하려고 이 성에

모였나이다(4:27-28).

주의해서 보라. 한편으로 이는 헤롯, 빌라도, 이방 권세자와 유대 지도자가 모두 합세한 끔찍한 음모였다. 그들이 책임져야 할 음모였다. 하지만 다른 한편으로 그들은 그 일이 일어나기 전에 이미 하나님의 능력과 뜻이 결정한 대로 그 일을 행한 것이었다.

잠시만 생각해 보아도 그 사건을 다른 식으로 설명하는 것은 성경적 기독교를 파괴하는 것임이 드러난다. 우리가 예수 그리스도께서 십자가에 달려 죽으신 사건을 당시 지방 정치 권위자들의 음모로만 그린다면, 그리고 하나님의 계획으로 그리지 **않는다면**(즉 예수님이 이 땅에 오셔서 마지막이 되어서야 예상치 못하게 죽음을 구원 방식으로 결정하신 것처럼), 십자가 사건은 단지 역사 속의 우연이라고 의미하는 셈이 된다. 우연이지만 하나님이 자신의 이익을 위해 영리하게 조직하신 것일 수도 있겠으나 여전히 하나님의 계획은 아니었던 것이다. 이 경우, 대속죄일, 유월절 어린 양, 제사법 등 앞서 나온 모든 전망적 계시 유형은 파괴된다. 우선, 당신의 성경에서 히브리서를 찢어내라.[3]

---

3   이 문제를 해결하기 위해 존 샌더스(John Sanders)가 시도한 것(*The God Who Risks: A Theology of Providence* [Downers Grove, Ill.: InterVarsity Press, 1998], 103-104쪽)

다른 한편으로 누군가가 예수님의 죽으심에서 하나님의 절대 주권을 강조하며, 그 사건에 가담한 이들의 악한 음모는 잊고 그들이 "하나님의 권능과 뜻대로 이루려고 예정하신 그것을 행하려고"(행 4:28) 한 것이라고 기뻐한다면, 이는 헤롯과 빌라도와 가룟 유다와 나머지 사람들의 죄악을 면제해 주는 셈이 된다. 하나님의 절대 주권이 그 주권 아래 있는 모든 존재의 죄책을 면해 주는 것을 의미한다면, 모든 존재는 면책될 것이다. 이런 경우, 속죄가 필요한 죄는 존재하지 않게 된다. 그러면 십자가가 무슨 필요가 있단 말인가? 어느 경우든 십자가는 파괴된다.

짧게 말해 양립 가능론은 하나님과 세상을 바라보는 성숙하고 정통적인 관점에 필수 요소다. 불가피하게도 이는 이차 인과율(secondary casuality)에 대해 중요하면서도 어려운 질문을 던지

은 놀라우리만큼 설득력이 없다. 그는 하나님의 "분명한 목적은 …… 오랫동안 하나님의 사역에 저항한 이력이 있는 사람들의 손에 성자를 넘기는 것이었다. 그러나 그들의 거절이 하나님을 당황시킬 수는 없었다. 하나님은 그들의 반응을 예상하셨고 무슨 일이 일어날 것인지를 탁월하게 예측하셔서 그 장면으로 걸어 들어가셨기 때문이다. ……… 하나님이 뜻하신 테두리 안에 십자가 사건이 어떤 식으로든 들어맞지 않았다면, 그 사건은 예수님에게 일어날 수 없었다." 달리 말해 샌더스는 십자가가 발생할 가능성은 매우 높았다고 말하는 것이다. 하나님은 어떻게 일이 진행될지 "탁월하게 예측"하셨다는 것이다. 그러나 이런 샌더스마저도 "하나님이 뜻하신 테두리 안에 십자가 사건이 어떤 식으로든 들어맞지 않았다면"이라고 말하며 얼렁뚱땅 넘어갈 수밖에 없었다(신비가 어느덧 뒷문으로 슬쩍 빠져나가버렸나?). 또한 샌더스의 관점은 "하나님은 인간이 하나님께 어떻게 반응할지를 결정하도록 주권적으로 자신을 제한하신다"고 하며 자유에 대한 자유주의적 접근을 전제로 하고 있다. 본문을 있는 그대로 읽어야 의미가 더 잘 통한다. 물론 그렇게 하는 것은 사실 자유를 양립 가능론적으로 이해하는 것을 의미한다.

게 된다. 인간의 책임은 어떤 근거를 가지는가와 같은 많은 질문이다. 그러나 여기서 이 문제들을 다룰 수는 없을 것이다.

(4) 우리는 반드시 잠시 멈춰 하나님의 비피동성, 하나님의 불변성에 대해 생각해야 한다. 시편 기자는 "주는 한결같으시고 주의 연대는 무궁하리이다"(시 102:27)라고 말하며, 전능하신 하나님은 "나 여호와는 변하지 아니하나니"(말 3:6)라고 선포하신다. 그 함의는 하나님의 목적은 확실하며 그분은 그 목적을 반드시 완수하신다는 것이다.

> 너희 패역한 자들아 이 일을 기억하고 장부가 되라 이 일을 마음에 두라 너희는 옛적 일을 기억하라 나는 하나님이라 나 외에 다른 이가 없느니라 나는 하나님이라 나 같은 이가 없느니라 내가 시초부터 종말을 알리며 아직 이루지 아니한 일을 옛적부터 보이고 이르기를 나의 뜻이 설 것이니 내가 나의 모든 기뻐하는 것을 이루리라 하였노라 …… 내가 말하였은즉 반드시 이룰 것이요 계획하였은즉 반드시 시행하리라(사 46:8-11).

> 여호와의 계획은 영원히 서고 그의 생각은 대대에 이르리로다(시 33:11. 마태복음 13장 35절, 25장 34절, 에베소서 1장 4, 11절, 베드로전서 1장 20절 참조).

올바르게 생각하면 하나님의 불변성은 굉장히 중요하다. 이는 안정감을 낳고 예배를 일으킨다. 바빙크는 이렇게 쓴다.

> 하나님의 불변성 교리는 경건에 매우 중요하다. '존재하는 것'(being)와 '되어가는 것'(becoming)의 차이는 창조주와 피조물의 차이를 의미한다. 모든 피조물은 지속적으로 되어간다. 이는 가변적이며 계속해서 안식과 만족을 찾고 쟁취한다. 안식은 하나님 안에서만, 오직 그분 안에서만 찾게 된다. 그분만이 순전한 존재이시며, 되어가는 자가 아니시기 때문이다. 그러므로 성경에서 하나님은 자주 반석이라고 불린다.[4]

그러나 하나님의 불변성을 조심스럽게 논의하면서 신학자들은 모든 가능한 방식이나 영역에서 하나님이 불변하시다고 인정하지는 않는다. 하나님은 그분의 존재와 뜻과 온전하심에서 변함이 없으시다. 그러나 이는 하나님이 그분의 형상을 담지한 자들과 그들의 시간 안에서 교제할 때도 불변하시다는 것은 아니다. 영원 전부터 있어 온 하나님의 뜻은 성자를 보내시는

---

[4] Herman Bavinck, *The Doctrine of God*, trans. William Hendriksen (Edinburgh: Banner of Truth, 1977 [1951]), 49쪽. 다음 논의도 참고하라. Carl F. H. Henry, *God, Revelation and Authority*, vol. 5: *God Who Stands and Stays*, Part One (Wheaton, Ill: Crossway Books, 1999), 15장.

것이었으나, 우리의 시공간 안에서 정해진 때에야 성자는 실제 성육신하셨다. 성경을 매우 피상적으로 읽어 보더라도 하나님은 인격적 존재서서 우리와 교제하시는 분임을 알 수 있다. 이 중 어떤 것도 불변성에 의해 배척되지 않는다.

(5) 논의를 더 진행하기 전에 솔직히 말하자면 이런 하나님에 대한 묘사가 갈수록 더 많은 공격을 받는다는 사실을 인정해야겠다. 철학적 분석과 종합에 주요 근거를 두는 수많은 과정신학자뿐 아니라 연구의 근거를 성경에서 찾는 이들에게도 공격받고 있다. 이 관점은 때로 하나님에 대한 '열린' 관점이라고 불린다.[5] 여기서 그 논의들을 추적할 수는 없으나, 이제 이에 대해 정교하고 복잡한 반응들이 나타나기 시작했다. 하지만 이 저자들 가운데 몇몇은 하나님이 명백하게 '후회하셨다'(repent[KJV])거나 '마음이 풀리셨다'(relent[NIV])거나 생각을 바꾸셨다고 말하는 본문 약 서른다섯 곳을 주장하고 있다. 우리는 이 본문들을 어떻게 생각해야 하는가?

하나님은 자신이 이미 행하신 일을 후회하신다(창 6:6-7, 삼상 15:11, 35). 하나님은 자신이 하겠다고 말씀하신 것이나, 심지어

---

5   다음을 참고하라. Clark Pinnock, Richard Rice, John Sanders, William Hasker, David Basinger, *The Open View of God: A Biblical Challenge to the Traditional View of God* (Downers Grove, Ill.: InterVarsity Press, 1994).

시작하신 일을 한탄하신다(시 90:13, 106:44-45, 렘 18:7-10, 26:3, 13, 19, 욜 2:13-14, 욘 3:9-10, 4:2). 때로는 중보자의 기도에 대해 그러기도 하신다(출 32:12-14, 암 7:3-6). '열린 신론'(openness of God) 진영에 속한 사람들에게 이러한 본문들은 논의를 주도하는 근거가 된다. 그리고 하나님의 불변성을 긍정하는 것으로 논의되는 구절들은 약화되거나 다른 방식으로 설명되어야 한다고 본다.

나는 어떻게 이것이 합당하게 이루어질 수 있는지 모르겠다.[6] 이 구절들 중 대부분은 그들이 회개했기 때문에 하나님이 멸하기를 거부하셨다는 내용과 관련된다(예를 들면, 하나님은 니느웨 사람들이 회개했기에 그들 멸하기를 철회하셨다[욘 3:9-10]). 기억해야 할 것은 선지자들은 자신의 독자에게 이것이 바로 하나님께서 그러한 위협을 하시는 목적임을 **알려 준다**는 사실이다(예를 들면 에스겔 3장 16-21절, 33장). 이는 단지 특정 상황은 이러이러하지만 하나님의 목적은 불변하다는 것을 표현한 것일 뿐이다. 하나님의 목적은 환경에 따라 다르게 나타난다. 하나님이 그분의 백성이 드린 기도에 반응하여 뜻을 돌이키시는 것을 생각하면, 하나님이 세우지도 않으셨는데 모세든 아모스든 이 기도의 용사들이 스스로 일어난 것이라고는 생각할 수 없다. 그러나 다른 한

---

6 Millard Erickson의 탁월한 글을 보라. "God and Change," *The Southern Baptist Journal of Theology* 1/2 (1997), 38-51쪽.

편으로 하나님은 도움이 필요한 때에 중보자가 일어나지 않은 것에 대해 백성에게 죄를 물으신다(예를 들면 에스겔 22장 30-31절). 이것이 양립 가능론이다. 동일한 요소가 반복된다. 하나님은 여전히 모든 것을 절대 주권으로 다스리시며, 그 목적은 선하다. 하나님은 인간과 서로 영향을 주고받으신다. 인류는 때로 하나님의 은혜로 말미암아 올바른 일을 행하며, 이는 하나님의 덕택으로 가능한 것이다. 우리는 자주 악한 일을 행한다. 그리고 비록 우리가 하나님의 주권이 이르는 범위의 가장 바깥쪽을 벗어날 수 없는 자일지라도 그 악한 일에 책임을 지고 비난받아야 하는 사람 역시 우리다.

나는 이것이 쉽게 이해되거나 직관적으로 이해가 되는 문제라고 말하는 것이 아니다. 언제가 되든 우리로서는 하나님의 존재 자체에 신비가 존재한다는 사실을 인정해야 할 것이다. 그중 가장 어려운 일은 하나님이 성경에 자신을 계시하실 때 '주권적이고 초월적이면서도 인격적 존재'로 드러내신 사실과 연관이 있다고 생각한다.

이 양 극단을 더 풀어 보자. **첫째**, 하나님의 '절대 주권과 초월성'에서 우리는 분명 개인적 차원에서 완전히 주권적이며 온전히 초월적인 것이 어떠한지를 경험할 수는 없다. 우리는 시간과 공간에 묶인 유한한 존재로, 우리의 권세와 능력에는 분명한

한계가 있기 때문이다. 그러나 우리가 할 수 있는 두 가지가 있다. (a) 우리는 우리의 권세와 능력의 의미에서 출발하여 상상으로 절대 주권이 무슨 의미인지를 추론하여 엿볼 수 있다. 그리고 그것이 하나님에 관해 성경이 말하는 바라는 것을 알 수 있다. (b) 때로 우리는 부정을 상고하여 추론할 수 있다. 시간과 공간에 관해 우리가 아는 것은 매우 적다. 그러나 여전히 일련의 부정법을 통해 초월이 무슨 의미인지를 대략으로나마 상상해 볼 수 있다(초월은 시간에 묶이지 않는 것이며, 공간에도 묶이지 않는 것이다). 그리고 우리는 성경이 하나님을 그렇게 설명한다는 사실을 볼 수 있다.

둘째, 대조적으로 우리 경험에서 '인격적'이라는 것은 유한한 존재가 유한한 존재와 서로 교류하는 것에 매우 깊이 연관되어 있다. 따라서 하나님께 '인격적인' 것이 무엇인지를 이해하기는 어렵다. 내가 당신과 '인격적인' 관계를 맺는다면 나는 당신에게 질문하고, 당신을 알아 가며, 물건을 나누고, 당신에게 비판받고 반대로 비판하기도 하며, 당신을 놀라게도 하고, 당신과 대화하면서 내가 알지 못한 것을 새롭게 배우기도 할 것이다. 여기에는 시간적 선후와 각자의 유한성이 전제되어 있다. 그리고 당신은 이 '인격적' 관계의 다른 편에서 같은 것들을 경험할 것이다.

그렇다면 초월적이며 절대 주권을 지닌 하나님과 인격적 관계를 맺는다는 것은 무슨 뜻인가? 우리는 우리의 유한한 경험에서 추론하는 것이든 전략적으로 부정법을 통해서든 이를 쉽게 상상할 수 없다. 우리는 은혜롭게 성경에 계시된 것을 통해, 그리고 예수님 자신을 통해 하나님이 인격적이시라는 것을 알 수 있으나 정확히 그것이 무슨 의미인지를 이해하기란 우리에게 참 어려운 일이다. 그러나 이것을 포기하면 우리는 이신론이나 범신론, 심지어 더 심한 데로 빠질 것이다. 우리는 하나님의 인격성을 적극적으로 주장해야 한다. 그러나 성경에 충실하다면 우리는 놀라운 신비들을 인정할 수밖에 없다.

하나님의 절대 주권과 초월성, 그리고 그분의 인격성은 성경이 함께 유지하는 바다. 이 두 부분은 모두 **기본 전제**다. 하나님의 초월적 주권을 배제하면서 인격성을 격상하면 조만간 우리의 하나님은 유한한 하나님이 되실 것이다. 이 하나님은 갈수록 격하될 것이며, 결국 성경의 하나님이 아닐 것이다. 우리가 기본 전제 중 하나를 파괴했기 때문이다. 이것이 '열린' 하나님을 옹호하는 사람들이 취한 길이다. 성경적 양립 가능론은 이쯤에서 마무리하고 세 번째 논점으로 넘어가야겠다.

적절하게 제한된 비피동성

이제 우리는 하나님 사랑이 지닌 감정적 요소와, 하나님의 초월성과 절대 주권 안에서 그 요소와 하나님의 연관성을 살펴볼 자리에 왔다. 우리는 도발적으로 질문할 수 있을 것이다. "하나님이 완전히 절대 주권을 지니시며 모든 것을 완전히 다 아신다면, 우리가 생각하는 그런 감정을 위한 자리가 남아 있겠는가?" 시작부터 끝까지 모든 것을 이미 다 알고 계셔서 놀라지도 않으시고, 이러나저러나 모든 것을 주관하시는 이 하나님이 자신을 고통스러워하거나 기뻐하거나 사랑하는 분으로 계시한다는 것은 확실히 조금 어긋나 보이지 않겠는가?

이런 관점에서 하나님의 사랑이라는 교리가 어려운 것은 분명하지 않은가?

하나님께 감정이 있다는 사실을 부정하며, 성경에 증거로 등장하는 구절들은 단지 신인동정론적 표현일 뿐이라고 강조하는 식으로 비피동성을 지지하는 것은 해답이 될 수 없다. 그러기에는 치러야 할 대가가 몹시 크다. 그렇게 한다면 하나님의 절대 주권 안에서 안식할 수는 있겠으나, 더는 그분의 사랑 안에서 기뻐할 수 없을 것이다. 우리가 이해할 수 없는, 그래서 모종의 실재를 우리에게 맞추어 표현한 신인동정론적 언어를 기뻐할 수 있을 뿐이다. 그건 좀 아니지 않은가? 바울은 자신의 편지를 읽을 이들이 신인동정론의 너비와 길이와 높이와 깊이가 어떠함을 깨닫게 해달라고, 또한 이 신인동정론이 얼마나 지식에 넘치는지 깨닫게 해달라고 기도한 것이 아니다(엡 3:14-21).

그렇다고 내재적 삼위일체(immanent Trinity, 피조물에 대해 초월적이며, 하나님의 내적 행위에 초점을 맞춘 하나님 스스로의 모습을 가리킨다)는 완전히 비피동적이나, 경륜적 삼위일체(economic Trinity, 피조 세계에 내재하시며, 하나님의 외부와 연관된 또는 피조 세계와 연관된 행위에 초점을 맞춘 하나님의 모습을 가리킨다)는 사랑의 고통을 포함한 고통을 겪을 수 있다고 주장하는 것도 적합한 해결책일 수 없다.[7] 나는 하나님 스스로의 모습과 피조 질서와 관계하실 때의 모습을 이렇게 크게 단절시키는 것이 우려스럽다. 이런 구분은 때때로 이해하는 데 유용할 수는 있으나, 이에 따라 종합된 결론은 성경이 실제 말하고자 하는 것에서 매우 멀리 떨어져 막다른 골목으로 향하는 꼴이다. 성부께서 성자를 사랑하시고 성자께서 성부를 사랑하시기 때문에 우리가 하나님 내적으로 하나님의 사랑을 긍정한다면(내재적 삼위일체), 이런 하나님의 사랑이 세상과 서로 영향을 주고받는 하나님의 사랑과 어떻게 연결될 수 있단 말인가? 세상과 관계된 그 사랑은 고통을 느끼고 회개하라고 부르짖는 연약한 사랑임이 틀림없는데 말이다. 결국 요한은 이

---

7   이런 관점의 가장 최근 지지자는 피터 앤더스(Peter D. Anders)다. "Divine Impassibility and Our Suffering God: How an Evangelical 'Theology of the Cross' Can and Should Affirm Both," *Modern Reformation* 6/4 (July/August 1997), 24-30쪽.

둘을 명백하게 연결한다.

하지만 하나님의 비피동성에 대해 결론짓기 전에 이 교리가 지키고자 하는 것이 무엇인지 알아야 한다. 이 교리는 하나님 사랑과, 하나님 안에 있는 다른 감정들을 감상적으로 만들어서 궁극적으로는 하나님을 감정이 불안정한 인간과 같은 존재로 만드는 것을 피하려는 것이다. 예를 들어, 인간의 반역이 야기한 고통에 지나치게 연약하게 반응하는 하나님과, 모든 것을 빠짐없이 완벽하게 제어하시기 때문에 엄밀히 말해 우리가 필요 없으신 하나님은 매우 다르다. 오늘날 말하는 치유적인 하나님은 표면적으로 우리 감정에 호소하기 때문에 매력적일 수 있으나 그 하나님이 곧 치러야 할 대가는 매우 크다. 결국 우리는 유한한 하나님을 생각하기 시작한다. 하나님 자신은 점차 축소되어 실재보다 격하된 하나님이 되신다. 이것이 바로 우상숭배다.

하나님의 감정은 그분의 사랑과, 그에 따른 모든 측면을 포함하여 하나님의 지식과 능력과 의지에서 분리될 수 없다는 사실을 인지하는 것이 가장 진리에 가깝다. 하나님이 사랑하신다면, 이는 그분이 사랑하기로 결정하셨기 때문이다. 그분이 고통 당하신다면, 고통 받기로 결정하셨기 때문이다. 피동적이라는 것이 외부에서 오는 것을 제어하거나 예측할 수 없을 만큼 연약하다는 것이거나, 어떤 '고난'도 어떤 감정도 겪지 않는다는 것을 뜻한다면, 하나님은 피동적이지 않으시다.

그러나 마찬가지로 하나님의 의지나 선택이나 계획은 그분의 사랑과 결코 분리될 수 없다. 이는 하나님의 사랑이 그분의 공의와 거룩하심과 전지하심, 그리고 다른 모든 온전한 속성들에서 분리될 수 없는 것과 같다. 그렇다고 해서 내가 은근슬쩍 단지 의지적 이타주의라는 사랑의 개념으로 돌아가고자 하는 것은 아니다. 나는 하나님의 사랑을 하나님의 의지에 희석시켜야 한다고 말하는 것이 아니다. 오히려 내가 제안하는 것은 하나님의 감정이 우리 것과 같지 않기 때문에 제어할 수 없는 형태로 불타오르는 것이 아니라는 사실을 인지한다면, 비피동성이 싸워 이기고자 하는 적을 성공적으로 막을 수 있으리라는 것이다. 우리의 감정은 우리의 방향과 속성을 바꾸며, 우리 의지를 지배하고, 비참함과 행복함을 조종하며, 놀라고, 우리가 무엇에 헌신할지를 정하거나 파괴한다. 그러나 하나님의 '감정'은 그분의 다른 모든 것과 마찬가지로 하나님의 다른 모든 완전한 속성의 충만함과 함께 나타난다. 이런 이해의 틀에서 볼 때, 하나님의 사랑은 그분의 의지가 기능하는 정도가 아니다. 그분의 의지(그리고 하나님의 거룩하심, 구속 목적, 그분의 무한히 지혜로운 계획 등)와 완벽한 조화 속에서 스스로를 드러내는 무언가다.

물론 이는 어떤 측면에서 하나님의 사랑이 우리 감정과 꼭 같은 식으로 작동하지는 않는다는 것을 의미한다. 어떻게 그럴 수 있는가? 하나님의 사랑은 그 완전하심이 불변하는 무한한 존재에서 흘러나오는 것이다. 그러나 이런 식으로 표현하는 것은 비피동성의 가장 중요한 가치를 지키면서도, 여전히 하나님의 사랑은 참된 사랑이며 하나님의 형상을 담지한 우리가 보일 수 있는 최고의 사랑과 같은 종류라고 주장하는 것이다. 그럼에도 하나님의 존재와 행위가 어떻게 이렇게 작동할 수 있느냐는 질문과 함께 큰 의심의 영역이 남았다면, 그것은 성경이 그리는 절대 주권을 지닌 초월적 하나님과 인격적 하나님을 함께 이해하고자 하는 길로 돌아왔음을, 그래서 다름 아닌 하나님의 신비로 돌아왔음을 의미한다고 생각한다.

이 주제에 이렇게 접근하는 방식은 실질적으로 엄청나게 중요한 성경의 특정 진리를 잘 설명해 준다. 하나님은 택자와 '사랑에 빠지시는 것'이 아니다. 다시 말해 그분은 우리와 '사랑에 빠지시는 것'이 아니다. 하나님은 **자신의 감정이 우리를 향하도록 정하신다**. 그분은 어떤 돌발적인 충동으로 우리를 예정하신 것이 아니다. 오히려 **사랑으로 우리를 예정하사 자신의 자녀로 입양하신 것이다**(엡 1:4-5).[8] 이 본문 자체는 하나님 사랑을 하나

---

8   NIV는 이 지점에서 헬라어를 정확하게 이해하고 있다.

님의 다른 온전한 속성들과 하나로 묶고 있다.

예시를 통해 좀 더 명료하게 알 수 있을 것이다. 한 학년이 끝날 무렵, 찰스와 수잔이 손을 잡고 해변을 걷고 있는 장면을 그려 보라. 학기 말의 압박이 따뜻한 저녁 바람에 흩어진다. 둘은 샌들을 벗어던졌다. 축축한 모래가 둘의 발가락 사이를 비집고 들어온다. 찰스가 몸을 돌려 수잔의 커다란 갈색 눈동자를 깊이 바라보며 말한다. "수잔, 널 사랑해. 정말로 사랑해."

찰스의 말은 무슨 의미인가?

아마 이 세대의 찰스라면 단지 사타구니 사이로 테스토스테론이 분비되는 것을 느끼고는 곧장 수잔과 침대로 향하고 싶다고 말한 것일지도 모른다. 그러나 그리스도인의 덕까지는 아니더라도 찰스에게 어느 정도 품위가 있다고 가정한다면, 그의 말은 적어도 이런 의미일 것이다. "수잔, 너는 내 전부야. 너 없이 나는 살 수가 없어. 너의 웃음은 100미터 거리에서도 내 심장을 멎게 해. 너의 통통 튀는 재치와 아름다운 눈, 향기로운 머릿결, 네가 가진 모든 것이 날 옴짝달싹하지 못하게 해. 널 사랑해!"

그리고 그는 결코 이런 것을 의미하지는 **않았을** 것이다. "수잔, 솔직히 말해서 네 입 냄새는 씻지도 않고 마늘을 먹은 코끼리 떼조차도 무안해할 만큼 심각해. 네 코는 너무 커서 만화에서 튀어나온 것 같고. 네 머리카락은 기름이 덕지덕지해서 대형

트레일러트럭에 기름칠을 할 수 있을 정도야. 네 무릎은 어찌나 어긋나 있는지 네 앞에서는 낙타마저도 우아해 보이겠다. 네 성격은 훈족 아틸라와 칭기즈칸이 꽁무니를 뺄 정도고 말이지. 그래도 널 사랑해!"

자, 이제 하나님이 우리에게 오셔서 말씀하신다. "널 사랑한다." 하나님은 무슨 의미로 이렇게 말씀하신 것인가?

하나님이 말씀하신 것은 이런 의미일까? "너는 내 전부란다. 나는 너 없이 살 수가 없구나. 너의 성격, 너의 재치 넘치는 말투, 너의 미모와 미소, 너의 모든 것이 날 옴짝달싹하지 못하게 하는구나. 천국도 네가 없다면 지루할 거야. 널 사랑한다!" 사실 이는 하나님 사랑에 치유적으로 접근하는 이들이 말하는 것과 꽤 유사하다. 하나님이 우리를 사랑하신다니, 우리는 분명 꽤나 괜찮은 사람일 것이다. 그리고 사랑스런 하나님(dear old God)은 상당히 유약하셔서 우리가 "네"라고 말하지 않으면 끔찍한 상태가 되실 것이다. 이쯤 되면 진지한 그리스도인들은 한데 모여 이렇게 외칠 것이다. "비피동성을 돌려다오!"

하나님이 우리를 사랑한다고 말씀하실 때는 다음과 같은 것을 의미하신 것이 아니겠는가? "윤리적으로 판단하자면 너희는 입에서 악취를 풍기고 주먹코와 기름 낀 머리카락, 엇갈리는 무릎과 혐오스러운 인격을 가진 자들이다. 너희의 죄는 너희를 역

겹고 추하게 만들었다. 그럼에도 내가 너희를 사랑한다. 너희가 매력적이어서가 아니라 사랑이 나의 본성이기 때문이다." 그리고 택자의 경우에 하나님은 덧붙이실 것이다. "우주의 기초가 세워지기 전부터 내가 내 사랑을 너에게 둔 것은 네가 다른 이들보다 더 지혜롭거나 낫거나 강해서가 아니라 오직 은혜로 너를 사랑하기로 결정했기 때문이다. 너는 내 것이다. 그러니 넌 변화될 것이다. 피조 세계에서 어떤 것도 너를 예수 그리스도를 통해 중보되는 나의 사랑에서 끊을 수 없다"(로마서 8장 참조).

이것이 성경이 그리는 하나님의 사랑에 가깝지 않은가? 의심할 필요 없이 성부는 성자를 사랑스럽게 여기신다. 의심할 필요 없이 제자를 양육하는 영역에서 하나님의 언약 백성을 사랑스럽게 여기신다. 여기서 하나님의 사랑은 우리의 도덕적 일치를 전제할 것이다. 그러나 종국에 하나님은 그 대상을 사랑하신다. 하나님이 사랑이시기 때문이다. 따라서 두 가지 중요한 점이 있다. **첫째**, 하나님은 자신의 다른 모든 완벽한 속성과 연관하여 사랑하시며, 그 때문에 더 적게 사랑하시지 않는다. **둘째**, 하나님의 사랑은 그분의 성품 자체에서 발산된다. 그분의 사랑은 사랑받는 존재의 사랑스러움, 즉 그분의 외부에 존재하는 것에 의존하지 않는다.

요한이 요한일서 4장에서 "하나님은 사랑이시라"라고 말한

요점은 하나님을 참으로 아는 사람이라면 그도 그렇게 사랑하게 되리라는 것이다. 의심할 필요 없이 우리는 이 일을 잘하지 못한다. 그러나 그리스도인은 사랑스럽지 않은 이들마저도, 심지어 우리 원수까지도 사랑해야 하는 것 아니던가? 우리는 복음으로 변화된 자들이기에 우리 사랑은 우리 안에서 우러나오는 것이지, 사랑하는 존재의 사랑스러움에 의해 우러나오는 것이 아니다. 하나님에게 사랑은 이런 것이기 때문이다. 하나님은 자신의 완벽한 속성 중 하나가 사랑이기에 사랑하시는 것이며, 다른 모든 완벽한 속성들과 완벽한 조화 안에서 그렇게 하신다.

우리에게 최선은 바로 이것이 하나님의 형상을 담지한 존재가 사랑해야 하는 방식이라는 사실을 아는 것이다. 출판을 위해 기록한 것은 아니었으나, 엘리자베스 바렛 브라우닝(Elizábeth Barrett Browning)은 자신의 가장 사랑스러운 소네트 중 한 편에서 남편 로버트 브라우닝(Robert Browning)에게 이렇게 썼다.

> 당신이 나를 사랑해야 한다면, 그 사랑은 그 어떤 이유도 아닌,
> 오직 사랑 그 자체만이 이유가 되게 해줘요. 이렇게 말하지 말아요.
> "나는 그녀를 사랑해. 그녀의 미소, 그녀의 외모 때문에
> 그녀의 나긋한 말투, 내 마음에 꼭 합한 그 생각 때문에,

그리고 분명 이런 날에 안식을 줄 그 즐거운 느낌을 가져올 테
니."
이것들은 그 자체가, 사랑하는 이여, 또는 당신이 변하기 때문
이죠.
사랑은 그렇게 생기기도, 그렇게 사라지기도 해요.
내 뺨의 눈물을 닦아 주려는 당신의 사랑스러운 애처로움으로
날 사랑하지도 말아요.
피조물은 우는 것을 잊기도 하고,
그대의 긴긴 위로를 지겨워하기도 하며
거기서부터 당신의 사랑을 잃기도 하니까요!
그러나 사랑 그 자체로 날 사랑해 줘요. 변함없이
당신은 계속해서 사랑할 수 있어요, 사랑의 영원을 통하여.

그리고 형제자매여, 이것이 자신의 아들을 통해 드러내신 하나님에 관해 우리가 배우는 바다. "우리가 사랑함은 그가 먼저 우리를 사랑하셨음이라"(요일 4:19). "우리가 아직 죄인 되었을 때에 그리스도께서 우리를 위하여 죽으심으로"(롬 5:8). 여기 사랑이 있다. 우리가 하나님을 사랑한 것이 아니라 하나님이 우리를 사랑하셨다. 그리고 자신의 아들을 우리 죄의 대속물로 주셨다(요일 4:10).

The Difficult Doctrine of the Love of God

4장
하나님의 사랑과 하나님의 진노

✕

하나님께는 용서가 쉬운 일이라고 생각하는 사람이 많다. 20여 년 전, 독일에서 공부할 때 만난 젊고 교양 있는 서부 아프리카 출신 프랑스인이 기억난다. 우리는 모두 독일어 실력을 향상하기 위해 성실하게 공부하고 있었다. 그러다가 지겨워지면 한 주에 한 번 정도 함께 나가 식사하면서 우리 둘 모두 잘하는 프랑스어로 휴식을 누렸다. 그 식사 시간을 통해 우리는 서로를 알아갈 수 있었다. 나는 그의 아내가 런던에서 의사가 되려고 수련받고 있음을 알게 되었다. 그는 독일에서 기계공학 박사 과정에 들어가기 위해 유창한 독일어가 필요한 엔지니어였다.

그러고서 얼마 지나지 않아 한 주에 한두 번 그가 홍등가로 사라진다는 사실을 알게 되었다. 돈을 내고 여자를 만나는 것이 분명했다. 마침내 그 일을 질문할 수 있을 만큼 그를 충분히 잘 알게 되었을 때, 나는 그에게 그의 아내가 런던에서 같은 짓을 한다는 사실을 발견하면 어떻게 할지 물어보았다.

그는 이렇게 말했다. "죽였겠지."

"그건 이중 잣대 아닌가?" 내가 대답했다.

"자네가 몰라서 그래. 내가 온 아프리카에서 남편은 많은 여자와 잘 수 있는 권리가 있지만 아내가 그러면 죽이게 되어 있어."

"하지만 자네는 미션스쿨에서 컸다고 하지 않았나? 성경의 하나님은 그런 이중 잣대를 가지고 계시지 않은 걸 알잖아."

그러자 그는 밝게 웃으며 이렇게 대답했다. "하나님은 선하시잖아. 그분은 우리를 용서하실 수밖에 없어. 그게 그분 일인 걸."

꽤나 일반적인 관점이지 않은가? 예카테리나 대제가 동일한 표현을 했었다는 사실을 내 아프리카 친구가 알았는지 모르겠다. 공부를 많이 한 친구였기에 의식적으로 예카테리나의 말을 인용했을 수도 있다. 사람들이 이렇게 직접 표현하지 않을지는 몰라도 이런 생각은 보편적인데, 이것은 앞서 살펴보았듯이 하나님 사랑에 대한 잘못된 관념들이 이 땅 곳곳에 떠다니고 있기 때문만이 아니다. 이런 생각은 안타깝게도 감상적으로 표현되었고, 성경이 말하는 상보적 내용들을 끔찍하게도 모두 벗겨 버렸기 때문이다.

이 마지막 장에서 나는 하나님의 사랑을 더 정확하고 신실하게 숙고하려는 목표를 가지고 이와 관련된 몇몇 내용을 생각해 보고자 한다.

하나님의 사랑과 하나님의 진노

여기서는 세 가지를 생각해 보고자 한다.

(1) 성경은 하나님의 진노를 매우 강렬한 언어로 표현한다.

> …… 만군의 여호와께서 싸움을 위하여 군대를 검열하심이로다 …… 너희는 애곡할지어다 여호와의 날이 가까웠으니 전능자에게서 멸망이 임할 것임이로다 …… 보라 여호와의 날 곧 잔혹히 분 냄과 맹렬히 노하는 날이 이르러 땅을 황폐하게 하며 그중에서 죄인들을 멸하리니(사 13:4, 6, 9).

그러므로 나 주 여호와가 말하노라 내가 나의 삶을 두고 맹세하노니 네가 모든 미운 물건과 모든 가증한 일로 내 성소를 더럽혔은즉 나도 너를 아끼지 아니하며 긍휼을 베풀지 아니하고 미약하게 하리니 너희 가운데에서 삼분의 일은 전염병으로 죽으며 기근으로 멸망할 것이요 삼분의 일은 너의 사방에서 칼에 엎드러질 것이며 삼분의 일은 내가 사방에 흩어 버리고 또 그

뒤를 따라 가며 칼을 빼리라 …… 내 분이 그들에게 다한즉 나 여호와가 열심으로 말한 줄을 그들이 알리라 내가 이르되 또 너를 황무하게 하고 너를 둘러싸고 있는 이방인들 중에서 모든 지나가는 자의 목전에 모욕 거리가 되게 하리니 …… 내가 멸망하게 하는 기근의 독한 화살을 너희에게 보내되 기근을 더하여 너희가 의뢰하는 양식을 끊을 것이라 …… 너희 가운데에 전염병과 살륙이 일어나게 하고 또 칼이 너희에게 임하게 하리라 나 여호와의 말이니라(겔 5:11-17).

이런 구절을 수백 개는 찾을 수 있다. 원래 묵시 장르에 사용된 언어 자체가 그렇다고 말할 수 있겠지만, 요한계시록 14장은 모든 문학 장르에서 볼 수 있는 하나님 진노에 관한 표현 가운데 가장 폭력적인 표현들을 담고 있다.

진노는 사랑처럼 감정이 필수 요소다. 여기서 다시 한 번 비피동성을 모든 감정이 완전히 부재하는 것으로 정의한다면, 성경적 근거를 찾을 수 없게 되어버릴 뿐 아니라 하나님의 거룩하심 자체와 연관된 새로운 오류들에 걸려 넘어지게 될 것이다. 진노 자체는 사랑과 달리 하나님의 본유적인 완전함(intrinsic perfentions) 가운데 하나가 **아니기** 때문이다. 죄가 없다면 진노도 없다. 그러나 하나님의 사랑은 언제나 존재한다. 하나님의 거룩하심이 그분의 형상을 담지한 이들의 반역과 만나면, **반드시 진노가 나타난다.** 그렇지 않다면 하나님은 스스로 말씀하신 질투하는 하나님이 아니게 되시며, 그분의 거룩하심은 의심받게 된다. 하나님의 진노를 희석시키는 대가는 하나님의 거룩하심을 파괴하는 것이다.

이 점은 매우 중요하므로 조금 더 깊이 살펴보자. 성경에서 하나님의 진노를 지각하지 않는 부분은 거의 찾을 수 없다. 하나님의 거룩하심이 죄에 얼마나 큰 역할을 하든, 거룩하심 자체에는 강력한 감정적 요소가 포함된다. 따라서 비피동성에 대한 오해로 인해 하나님과 진노를 지나치게 멀리 떨어뜨려 놓는 것은 얼마 지나지 않아 그분의 거룩하심에 영향을 끼치게 된다.

반대로 이른바 진노를 비인격화하고 진노에서 감정을 제거하면, 이를 신인동정론적으로 재정의하게 되어서 개인적, 문화적인 죄의 결과를 꼼짝없이 **비인격적인 것**으로 말하는 셈이 된다. 이것이 C. H. 도드(Dodd)가 1930년대에 취한 길이다. (살펴본 것처럼) 그 결과 십자가의 중요성이 바뀌어 버렸다. 하나님이 참으로 분노하신 것이 아니라면 어째서 화를 누그러뜨려야 했는지 알 수가 없다. 이 점은 다시 살펴보도록 하겠다.

더 나아가 이 점을 내재적 삼위일체와 경륜적 삼위일체의 차이라고 설명하면, 그 결과는 참혹해진다. 이런 방책에 따르면 하나님은 그분 스스로(내재적 삼위일체)는 진노에 전혀 영향을 받지 않으시나, 반역한 이들과 관계하시는 하나님(경륜적 삼위일체)은 자신의 진노를 드러내신다. 그러나 하나님의 진노는 거룩함의 기능이기 때문에 하나님이 피조되고 타락한 질서와 관계하는 것을 스스로 거룩을 유지하는 것보다 중요하게 생각하신다는 모호한 견해를 우리에게 남기게 된다. 이런 관점은 개념적으로 성경이 말하는 하나님의 묘사와 본질적으로 다르며, 분석적으로도 조금 이상하다.

(2) 그렇다면 하나님의 사랑과 하나님의 진노는 어떻게 연관된다고 이해해야 할까? 복음주의 안의 클리셰 중 하나는 "하나님은 죄를 미워하시지만 죄인은 사랑하신다"는 표현이다. 이 표현에는 아주 약간의 진리만 담겨 있다. 하나님은 죄는 미워하시기만 한다. 그러나 죄인을 미워하시기만 한다고 말하는 것은 잘못되었다. 하나님이 죄를 보시는 관점과 죄인을 보시는 관점의 차이는 분명 유지되어야 한다. 그럼에도 이 클리셰("하나님은 죄를 미워하시지만 죄인은 사랑하신다")는 잘못된 것이며 버려야 하는 것이다. 시편 1-50편에서만 열네 번이나 하나님이 죄인을 미워하신다는 것을 읽을 수 있다. 그분의 진노는 거짓말하는 자들과 다른 이들에게 임한다. 성경에서 하나님의 진노는 죄(롬 1:18 이하)와 죄인(요 3:36) 모두에게 임한다.

우리 문제 중 일부는 인간의 경험에서 진노와 사랑은 일반적으로 상호 배타적인 영역에 속해 있다는 것이다. 사랑은 우리에게서 진노를 몰아내며, 진노는 사랑을 몰아낸다. 자녀가 반항할 때 보이는 반응에 적용하여 최대한 사랑과 진노를 가깝게 할 수 있을지는 모르지만, 일반적으로 진노하는 사람이 사랑하는 사람이라고 생각하지는 않는다.

그러나 하나님께는 그렇지 않다. 하나님의 진노는 달랠 수 없는, 눈에 보이는 것이 없는 격노가 아니다. 매우 감정적일 수는 있으나, 이는 그분의 거룩하심에 반하는 공격에 대한 온전히 이성적이고 의지적인 반응이다. 그러나 하나님의 사랑은 앞선 장에서 살펴보았듯이 완전한 속성에 속하는 것이며, **사랑받는 존재의 사랑스러움에 의해 생성되는 것이 아니다**. 그러므로 진노와 사랑이 동일한 개인 또는 사람들에게 동시에 지향되는 것은 본질적으로 전혀 불가능한 것이 아니다. 하나님은 자신의 온전하심 가운데, 하나님의 형상을 담지한 반역자들에게 진노하셔야 한다. 그들이 하나님께 반역하였기 때문이다. 하나님은 자신의 온전하심 가운데, 하나님의 형상을 담지한 반역자들을 사랑하신다. 하나님은 그런 분이기 때문이다.

(3) 고백주의적 기독교 내에서조차 널리 회자되는 두 가지 오해가 있다.

첫째는 구약에서 하나님의 진노는 그분의 사랑보다 더 놀랍도록 명백한 반면, 신약에서는 의심할 필요 없이 여전히 진노가 남아 있긴 하지만 그래도 하나님의 관대함이 어두운 시대를 장악하여 누그러뜨린다는 생각이다. 즉, 하나님의 사랑이 이제는 하나님의 진노보다 풍성하다는 것이다. 예수님은 제자들에게 원수를 사랑하며 다른 편 뺨을 돌려 대라고 가르치셨으니 말이다.

구약과 신약의 관계를 이렇게 읽는 것은 진리에서 매우 동떨어진 것이다. 누군가가 이런 공식이 설득력 있다고 생각하는 이유는 구약에 나타난 하나님의 진노가 주로 일시적인 것(가뭄, 질병, 공격, 전쟁, 살해 등)으로 분류되기 때문일 것이다. 현 시점에 초점을 맞춘다면, 이런 이미지들은 신약이 말하는 내세의 진노에 초점을 맞추는 것보다 우리에게 더 큰 영향을 끼친다. 신약에서 예수님은 지옥에 대해 다양한 방식으로 자주 말씀하셨다. 다른 뺨을 돌려 대라고 말씀하신 그 예수님이 말이다. 사도들이 기록한 것들은 요한계시록 14장에서 절정에 달하는데, 구속사의 이 단계는 신약이 선하시고 관대하신 하나님을 보여 준다는 관점을 거의 지지하지 못한다.

실제로 구약은 경험과 예표를 통해 하나님의 은혜와 사랑을 보여 주며, 그러한 사실들은 새 언약의 기록들에서 온전히 더 명백해진다. 또한 동일하게 구약은 경험과 예표로 하나님의 의로운 진노를 보여 주며, 그러한 사실들도 새 언약의 기록들에서 온전히 더 명백해진다. 달리 말하면 하나님의 사랑과 하나님의 진노는 옛 언약에서 새 언약으로, 구약에서 신약으로 옮겨 가면서 조금씩 끌어올려지는 것이다. 이러한 주제들은 풀리지 않은 채 구속사를 따라 급격하게 진행되다가 완전한 절정인 십자가 위에서 드러난다.

하나님의 사랑을 보고자 하는가? 십자가를 바라보라.

하나님의 진노를 보고자 하는가? 십자가를 바라보라.

찬송 작사가들이 때로 이 사실을 잘 표현한다. 웨일스 그리스도인들은 여전히 윌리엄 리즈의 19세기 찬송가를 노래한다.

여기에 사랑이 있네, 대양같이 광대하고
홍수와 같은 사랑과 선하심.
생명의 주, 우리의 대속물이 되신 분
우리를 위해 당신의 보혈을 흘리셨을 때
그분의 사랑을 기억하지 못할 자가 누구인가?
그분을 찬양하기를 그칠 자가 누구인가?
그분은 영원히 잊힐 수 없다네.
천국의 영원한 날들에도.
십자가 언덕 위에

깊고 넓은 샘이 터졌네.
열린 수문으로 하나님의 긍휼이
거대한 은혜의 파도처럼 흘러나왔네.
은혜와 사랑, 위대한 강물과 같이
위로부터 그칠 새 없이 쏟아져 내리니
천국의 평화와 완전한 공의가
사랑으로 이 죄악 된 세상에 입맞춤하네.

이 사실은 우리를 두 **번째** 일반적 오해로 이끈다. 이는 하나님이 우리에게 완전히 적대적이시며 진노로 가득한 분이지만, 어찌된 일인지 우리를 사랑하시는 예수님에 의해 그 적대감과 진노가 누그러지신 분이라고 그린다. 다시 한 번 우리가 올바른 생각의 틀을 유지한다면 여기에도 놀라운 진리가 존재한다. 히브리서는 분명히 이런 식의 생각을 어느 정도 지지한다. 특히 우리를 위해 지속적으로 하나님께 중보하시는 대제사장으로 예수님을 묘사하는 점에서 그렇다. 이 모든 것은 시내산에서 제정된 형태로 체계가 잡혔다. 또는 더 정확히 말해서 히브리서에 따르면 시내산에서 제정된 형태는 궁극적 실재의 그림자였다. 다시 말해 요한일서 2장 1절에서 말하듯 예수님은 성부 하나님께 우리를 변호하시는 대언자이시다.

그러나 신약 신학에는 반드시 적용해야 하는 다른 부분도 존재한다. 세상을 이처럼 사랑하사 독생자를 주신 분은 바로 하나님이다(요 3:16). 여기서 하나님은 성자께서 설득해야만 하는 고집스러운 분이 아니다. 오히려 하나님 자신이 성자를 보내셨다. 그러므로 (다시 히브리서로 돌아가서) 우리의 대제사장이 우리를 중보하시며 우리를 위해 흘리신 그분의 피로 호소하신다면, 우리는 결코 이것이 독단적인 행위여서 성부께서 알지 못하셨거나 마지못해 승인하신 것이라거나, 결국 성자께서 독단적으로 진행하신 희생에 설득되신 것이라고 생각해서는 안 된다. 오히려 성부와 성자는 이 구속 프로젝트에서 하나였다. 성자는 '스스로 성부의 명령으로' 이 세상에 오셨다.

그러므로 우리는 '유화'(propitiation)라는 표현을 쓸 때, 사랑으로 가득한 성자께서 자신을 내어 주셨고 그로 인해 진노로 가득한 성부를 달랬다고(즉, 자비롭게 만들었다고) 생각해서는 안 된다. 이 그림은 훨씬 복잡하다. 우리를 향해 공의의 진노가 가득하셨음에도 성부께서 우리를 몹시 사랑하셔서 자신의 아들을 보내신 것이다. 성부의 말씀과 일을 완전하게 반영하셔서 우리를 향한 진노의 자리에 성자께서 대신 서셨다. 성경에서 죄인들이 보좌에 앉으신 분과 **어린양의 진노**에서 숨기 원했다는 묘사를 괜히 한 것이 아니다. 그리고 성자께서는 성부께서 맡기신 임무에 순종하시고 스스로를 십자가에 바치셨다. 예수님은 자신이 순종하신 성부를 향한 사랑과, 자신이 구속하시는 우리를 향한 사랑, 두 가지 사랑을 따라 이 일을 행하셨다. 그러므로 하나님은 필연적으로 유화의 주체이자 객체가 되신다. 그분은 누그러뜨리는 제사를 드리시고(여기서 그분은 주체시다), 스스로 누그러지신다(여기서 그분은 객체시다). 이것이 십자가의 영광이다.

이 모든 것이 위대한 속죄의 장인 로마서 3장 21-26절이 함의하는 바다. 두 장 반에 걸쳐 어떻게 온 인류가 저주를 받았으며 그 지은 죄로 인하여 마땅히 하나님의 진노 아래 있게 되었는지를 보여 준 후(롬 1:18-3:20), 사도 바울은 어떻게 그리스도의 죽으심이 하나님의 지혜로운 계획으로 "곧 이때에 자기의 의로우심을 나타내사 자기도 의로우시며 또한 예수 믿는 자를 의롭다 하려 하심"이었는지를 강해한다(롬 3:26). **하나님은 예수님을 그분의 피로써 믿음으로 말미암는 화목 제물로 세우셨다**(롬 3:25).

하나님의 사랑과 속죄의 목적

여기서는 이제까지 살펴본 하나님 사랑에 관련된 내용들이 하나님의 절대 주권의 또 다른 측면, 즉 속죄의 목적을 이해하도록 도울 수 있을지 보고자 한다.

'제한 속죄'(limited atonement)라는 용어는 두 가지 이유에서 매우 안타까운 표현이다. **첫째**, 이는 방어적이고 한정적인 표현이다. 속죄가 있는데 누군가 그것을 제한하고자 하는 것이다. 속죄와 같이 영광스러운 것을 제한한다는 생각은 그 자체로 불쾌하다. **둘째**, 더 냉정하게 살펴보더라도 '제한 속죄'는 객관적으로 오해를 만든다. 속죄에 관한 모든 관점은 어떤 식으로든 '제한'을 둔다. 거론할 필요도 없는 보편론자들의 관점만 제외하고 말이다. 예를 들어 아르미니우스주의는 속죄가 모든 이에게 단지 잠재적인 것이라며 제한한다. 칼뱅주의는 속죄를 결정적이고 효과적인 것으로 여긴다(즉, 그리스도께서 위해서 죽으신 이들은 반드시 구원받는다). 그러나 그 효과를 택자로 한정한다. 아미로주의(Amyraldian)는 아르미니우스주의와 같은 방식으로 속죄를 제한하지만 내재된 하부 구조가 다르다.

따라서 '일반 속죄'(general atonement)와 '규정 속죄'(definite atonement)라고 하는 것이 '무제한 속죄'(unlimited atonement)와 '제한 속죄'(limited atonement)로 구분하는 것보다 편견이 덜할 것 같다. 아르미니우스주의는(그리고 이 논의의 편의상 한데 묶어 말할 아미로주의도) 속죄를 일반적인 것으로 본다. 즉, 모두에게 충분하며 모두에게 믿음을 조건으로 주어졌다. 칼뱅주의는 속죄가 규정되었다고 본다. 즉, 하나님이 택자들에게만 효과적이도록 목적하신 것이다.

규정 속죄에 대한 논증 가운데 일부는 다음과 같다. 논증을 위해 택하심이 진리라고 전제하자.[1] 이는 우리가 3장에서 하나님의 절대 주권과 선택하시는 사랑을 다루며 말한 것과 교집합을 이루는 지점이다. 이런 경우, 다음과 같은 질문이 제시될 것이다. "하나님이 성자를 십자가로 보내셨다면, 그분은 택자들과 그밖에 모든 사람에게 십자가의 효과가 서로 다를 것이라고 생각하신 것인가?" 누군가가 이 질문에 "그렇지 않다"고 대답한다면, 그 사람은 선택 교리를 믿는다고 보기가 어려워진다. 반면 누군가가 "그렇다"고 대답한다면, 그 사람은 어느 정도 규정 속죄 쪽으로 기울어진 것이다. 속죄가 규정되었다는 것은 그리스도의 십자가 사역에서 십자가의 중요성이 이르는 범위(extent)보다 하나님의 목적(intent)에 더 초점을 맞춘 것이다.

그러나 이 문제가 단지 선택 교리에 의존하는 논리 중 하나인 것만은 아니다. 규정 속죄를 주장하는 사람들은 성경 말씀을 인용한다. 예수님은 (모든 사람이 아닌) **자기 백성**을 그들의 죄에서 구원하실 분이다(마 1:21). 그리스도는 "우리를 대신하여" 자신을 주셨다. 즉, 새 언약의 백성인 우리를 위해 자신을 주신 것

---

[1]   누군가가 무조건적 선택을 거절한다면([아미로주의자는 그러지 않겠지만] 잘 아는 아르미니우스주의자는 그럴 것이다), 대부분의 칼뱅주의자는 더 거슬러 올라가 시작하고자 할 것이다.

이다(딛 2:14). 이는 "모든 불법에서 우리를 속량하시고 우리를 깨끗하게 하사 선한 일을 열심히 하는 자기 백성이 되게 하려 하심"이다. 더 나아가 그리스도는 자신의 죽음에서 단지 택자들에게 합당한 것을 공급하셨을 뿐 아니라 원하는 결과를 얻으셨다(롬 5:6-10, 엡 2:15-16). 인자는 자신의 생명을 "많은 사람"의 대속물로 주기 위해 오셨다(마 20:28, 막 10:45. 이사야 53장 10-12절 참조). 그리스도는 "교회를 사랑하시고 그 교회를 위하여 자신을 주[셨다]"(엡 5:25).

하지만 아르미니우스주의에서는 반대편 견해를 말하는 구절이 매우 많다고 답한다. 하나님은 이 세상을 이처럼 사랑하셔서 자신의 아들을 주셨다(요 3:16). 영리한 해석학적 도구들을 통해 "이 세상"이 택자를 의미한다고 설명하는 것은 그다지 설득력이 없다. "그[그리스도 예수]는 우리 죄를 위한 화목 제물이니 우리만 위할 뿐 아니요 온 세상의 죄를 위하심이라"(요일 2:2). 동일한 내용의 말씀을 훨씬 많이 찾아볼 수 있다.

그러면 우리는 어떻게 나아가야 하는가? 양측에서 나열하는 논거들은 모두 내가 손톱만큼 설명한 것보다 당연히 더 많고 훨씬 정교하다. 그러나 내가 첫 장에서 성경이 서로 다른 방식으로 하나님의 사랑을 말한다고 설명한 내용을 잠시만 기억해 보라. (1) 하나님의 삼위일체 내적 사랑, (2) 섭리적 보살핌에서 나타나는 하나님의 사랑, (3) 하나님이 모든 인류를 초청하시고, 회개하고 믿으라고 명하시며 보여 주시는 갈구하는 경고와 초대, (4) 택자들을 향한 하나님의 특별한 사랑, 그리고 (5) 훈련을 의미하는 표현들로 말씀하실 때 자신의 언약 백성을 향해 나타내신 하나님의 조건적 사랑이다. 나는 성경이 말하는 하나님 사랑이 이중 어느 하나라고 절대화할 경우 성경이 말하는 다른 중요한 것들을 밀어내 버리는 잘못된 체계를 가지게 되며, 결국 하나님에 대한 관점이 뒤틀리게 된다고 언급했다.

이 경우, 우리가 하나님 사랑에 관한 네 번째 설명(즉, 택자들을 향한 하나님의 특별하고 효과적인 사랑)을 받아들이게 되면, 그리고 이것만이 성경이 하나님의 사랑에 관해 말하는 유일한 것이라고 주장한다면, 규정 속죄는 지킬 수 있겠지만 이 틀에 쉽게 들어가지 않는 다른 본문들을 희생해야 할 것이다. 또한 하나님이 온 세상을 향해 자신의 사랑과 갈구하는 마음과 구원하고자 하시는 마음을 나타내신다는 말도 할 수 없게 될 것이다. 더 나아가 속죄가 모든 이에게 예외 없이 충분하다는 말도 의미 없어질 것이다. 반대로 우리의 신학적 달걀들을 모두 세 번째 바구니에 넣고 하나님의 사랑을 오직 모든 인류에게 열린 초대장이라는 의미로만 이해한다면, 우리는 신학 체계 안에서 규정 속죄를 배제하게 될 것이다. 그뿐 아니라 가장 자연스럽게 읽었을 때 예수 그리스도께서 자신의 백성을 위해 특별한 방식으로 죽으셨으며 택자들에 대한 완전한 지식을 가지신 하나님이 택자와 택자가 아닌 이들이 그리스도의 죽음에 각기 다르게 연관된다고 보신다는 의미를 지닌 일련의 본문들도 배제하게 될 것이다.

물론 하나님이 직접 분리된다고 말씀하신 적이 없는 것에 대해서는 그렇지 않다고 말하는 것이 가장 적절할 것이다. 누군가가 속죄는 모든 이에게 충분하며 택자들에게 효과적이라고 주장한다면, 두 종류의 본문과 생각이 조화를 이룰 수 있다. 적어도 내가 보기에 요한일서 2장 2절과 같은 구절은 속죄의 잠재적 범위를 말해 준다. 내가 역사적 문맥을 이해하기로는, 요한이 맞서야 했던 영지주의 초기 형태의 논적들은 자신이 받은 특별한 통찰들로 인해 스스로를 하나님과 관련하여 유리한 위치에 있는 모종의 존재론적 엘리트로 생각했다.[2] 그러나 예수 그리스도께서 죽으셨을 때 이 죽음은 유대인만을 위한 것도, 스스로 우월하다고 여기던 당시 영지주의나 또 다른 특정 집단만을 위한 것도 아니었다. 단지 우리 죄만 위한 것이 아니라 온 세상의 죄를 위한 것이었다. 따라서 이 문맥은 본문이 "예외 없이 모두에게 효과가 있다"라기보다는 "구분 없이 모두에게 잠재적이

---

[2] 나는 곧 출간될 NIGTC 시리즈 요한 서신 주석에서 이를 배경 지식으로 주장하는 내용을 상당한 분량으로 다루었다.

다"라는 것을 의미한다고 이해한다. 모든 사람이 예외 없이 구원받아야 한다는 전자의 경우, 요한은 그런 일이 일어날 것이라고 생각하지 않았기 때문이다. 그렇다면 이는 앞서 이야기한 하나님 사랑의 세 번째 의미와도 일맥상통한다. 그러나 그렇다고 해서 다른 본문에 있는 네 번째 의미를 배제해야 하는 이유를 이해하기는 어렵다.

최근 몇 해 동안 나는 칼뱅에서 시작하여 속죄 교리를 다루는 1차 문헌과 2차 문헌을 읽고 있다.[3] 내가 가장 인상 깊게 본 점은 시간이 갈수록 이 논쟁의 성격이 아주 살짝만 다르게 질문하면 통합을 이룰 수 있는 부분에서 불일치를 강요해 가는 쪽으로 변해 갔다는 사실이다. 나는 성경이 말하는 하나님 사랑을 올바르게 연구하여 얻을 수 있는 유용한 점 중 하나가 이를 바로잡는 것이라고 생각한다. 하나님은 인격이시기 때문이다. 분명 하나님을 인격으로 묘사하게 만드는 사랑이 타인을 향해 다양한 방식으로 나타난다면, 그 사실은 별로 놀랍지 않다. 그런데 이 모든 일은 언제나 사랑에 관한 것이었다.

그렇다면 나는 그리스도의 죽음은 모든 이에게 충분하며, 성

---

3 가장 최근 자료 중 하나는 다음 책이다. G. Michael Thomas, *The Extent of the Atonement: A Dilemma for Reformed Theology from Calvin to the Consensus (1536-1675)*, Paternoster Biblical and Theological Monographs (Carlisle: Paternoster, 1997).

경은 (첫 장에서 전개한 세 번째 의미에 따른) **그분의 사랑에서 우러나와 모두를 초청하시고 이끄시며 구원받기를 원하시는 분으로 하나님을 그린다는** 의미에서 아르미니우스주의와 칼뱅주의 모두 그리스도가 모두를 위해 죽으셨다는 사실을 긍정한다고 주장한다. 더 나아가 모든 그리스도인은 조금 다른 의미에서 그리스도 예수가 하나님의 목적 안에서 택자들만 위해 효과적으로 죽으셨다는 사실을 (첫 장에서 전개한 네 번째 의미에 따른) **택자들을 위한 하나님의 특별한 선택적 사랑에 대해 성경이 말하는 방식과 일치하게 고백해야** 한다.

여기에는 목회적으로 중요한 적용점이 많다. 두 가지만 언급하고자 한다.

(1) 이런 접근은 복음을 효과적으로 전하려는 갈망은 있으나 비그리스도인들에게 어디까지 "하나님은 당신을 사랑하십니다"라고 말할 수 있는지 모르는 개혁파 전통에 속한 젊은 목회자들에게 확실한 위로가 될 것이다. 개혁파를 지지하는 사람들에게 설교하거나 강의할 때면 나는 자주 이런 질문을 받는다. "비그리스도인들에게 '하나님이 당신을 사랑하십니다'라고 자유롭게 말하시나요?" 나에게 이 질문을 하는 이유는 의심할 여지 없이 내가 여전히 복음 전도를 꽤 많이 하기 때문이며, 사람들은 본을 원하기 때문이다. 역사적으로 개혁파 신학은 복음 전

파에 결코 게으르지 않았다. 예를 들어 조지 휫필드나, 지난 세기 말까지 남침례 교단에 중요한 영향을 끼친 거의 모든 사람에게 물어보라. 내가 이제까지 말해 온 것에 근거하여 나는 젊은 개혁파 목사들의 이 질문에 주저 없이 이렇게 대답할 수 있다. "**당연히 나는 회심하지 않은 이들에게 하나님이 그들을 사랑하신다고 말합니다.**"

나는 복음 전도 설교를 할 때 설교자는 (앞서 말한) 세 번째 의미의 본문만 다루고 네 번째 의미는 그 사람이 회심한 이후로 미루라고 말하는 것이 결코 아니다. 이런 식으로 접근하는 것은 조금 추잡하다. 물론 명확하게 선택을 가르치는 본문을 다루면서 복음을 전할 수도 있다. 스펄전은 정기적으로 이런 식으로 설교했다. 그러나 내가 말하려는 바는 하나님의 경륜 전체를 전하고자 하는 정직한 헌신이 있다면, 개혁파에 속한 설교자는 잃어버린 이 세상과 개인에게 하나님의 사랑을 선포하기를 단 한 순간도 주저해서는 안 된다는 것이다. 성경이 하나님 사랑에 관해 말하는 방식은 이를 허락할 뿐 아니라 의무화할 만큼 충분히 총체적이다.[4]

(2) 이와 동시에 구체적인 구속에 대한 관념을 갖는 것은 여

4　어느 정도 유사한 생각으로 다음을 참고하라. Hywel R. Jones, "Is God Love?" in *Banner of Truth Magazine* 412 (January 1998), 10-16쪽.

러 이유에서 목회적으로 중요하다. 어떤 측면에서 보더라도 그리스도께서 모든 이를 위해 동일한 목적으로 죽으셨다면 결국 구원받은 자와 구원받지 못한 자의 궁극적 차이는 자신의 결정과 의지라는 결론을 피할 수 없다. 이는 당연히 자랑할 수 있는 근거가 된다. 이 주장은 아르미니우스주의가 은혜를 제대로 이해하지 못했다고 정죄하는 것이 아니다. 어쨌거나 아르미니우스주의는 십자가가 하나님 앞에서 신자가 용납될 수 있는 근거이며, 믿기로 선택한 것은 어떤 의미에서도 그 근거일 수 없다고 믿는다. 그럼에도 은혜에 대한 이런 관점은 분명 **그리스도인과 비그리스도인의 궁극적 차이가 결국 인간 자신에게 있다는** 결론을 요구한다. 이는 은혜에 대한 매우 다른 이해를 의미하며, 내가 볼 때 이는 그 궁극적 차이를 (십자가까지 포함한) 하나님의 뜻까지 거슬러 올라가는 관점에 비해 몹시 제한적이다. 목회적 적용점은 많고 명백하다.

세상을 향한 하나님의 사랑

요한의 저작들에서 표면상 불일치를 보여 주는 가장 충격적인 것은 복음서가 주장하는 '세상을 향한 하나님 사랑'(요 3:16)과, 요한일서에서 '세상을 사랑하는 것을 금지'하는(요일 2:15-17) 내용이다. 간략히 말해서 하나님은 세상을 사랑하시지만 그리스도인은 그래서는 안 된다. 이 구절은 사람이 세상을 사랑하면 하나님의 진노 아래 있게 되며 성부의 사랑이 그들 안에 있지 않다는 인상이 강하다. 물론 이러한 불일치는 단지 표면적인 것이다. 앞으로 살펴보겠지만 이에 대한 훌륭한 설명이 있다. 그러나 이런 표면적 불일치는 우리에게 다시 한 번 성경이 무언가를 말하는 방식은 다양하며 문맥에 따라 결정된다는 사실을 상기시킨다.

세상을 향한 하나님의 사랑이 찬양받아 마땅한 것은 경이로운 자기희생으로 나타나기 때문이다. 세상을 향한 우리 사랑이 혐오스러운 것은 그것이 악에 참여하고자 하는 강한 욕망이기 때문이다. 세상을 향한 하나님의 사랑이 찬양받기 합당한 것은 세상을 변화시키는 복음을 그곳에 들고 들어가기 때문이다. 세상을 향한 우리 사랑이 추악한 것은 우리가 세상처럼 변화되고자 하기 때문이다. 세상을 향한 하나님의 사랑은 특정 개인들을 세상에서 불러내어 그리스도를 따르는 자들의 사귐으로 들어가게 한다. 세상을 향한 우리 사랑은 우리가 세상에 흡수되기를 원하기 때문에 불쾌한 것이다.

따라서 "이 세상이나 세상에 있는 것들을 사랑하지 말라 누구든지 세상을 사랑하면 아버지의 사랑이(이 사랑이 주관적 의미로 이해되든 객관적으로 이해되든) 그 안에 있지 [않다]"(요일 2:15). 그러나 분명히 우리는 세상 구석구석 모든 피조물에 영광스런 복음을 들고 가야 한다는 측면에서 세상을 사랑해야 한다. 이런 의미에서 우리는 세상을 향해 전적으로 찬양받기 합당한 사랑을 하시는 하나님을 우리만의 조촐한 방식으로 본받는다.

하나님의 사랑과 하나님의 백성

나는 세 가지 간략한 내용으로 결론짓고자 한다.

(1) 자신의 백성을 향한 하나님의 사랑은 때때로 자녀를 향한 부모의 사랑과 유사하다(예를 들어 히브리서 12장 4-11절, 잠언 4장 20절). 주님은 사랑하는 이들을 훈련하신다(1장에서 설명한 다섯 번째 의미의 사랑). 이 책에서 나는 적어도 이 범주에 대해 설명했다. 그러나 우리는 결코 우리가 하나님 사랑 안에서 자신을 지킬(유 21절) 의무가 있다는 사실을 잊어서는 안 되며, 하나님은 그분을 사랑하며 그분의 명령을 지키는 자들을 사랑하시고 긍휼을 베푸신다는(출 20:6) 사실도 기억해야 한다. 2장에서 보았듯이 우리는 이렇게 예수님을 닮아 간다. 예수님이 하늘 아버지께 순종하시면서 그분의 사랑 안에 거하셨듯이 우리도 예수님께 순종하며 그분의 사랑 안에 거한다(요 15:9-11).

(2) 하나님 사랑은 단지 통합적인 신학적 사유의 전체를 아우르는 범주에 도입하여 분석하고 이해해야 하는 것이 아니다. 이는 받아들이고 흡수하며 느껴야 하는 것이다. 에베소서 3장

14-21절에 나오는 바울의 기도를 오랫동안 자주 묵상하라. 그 구절에서 사도 바울은 신자들을 위해 이렇게 기도한다. "너희가 사랑 가운데서 뿌리가 박히고 터가 굳어져서 능히 모든 성도와 함께 지식에 넘치는 그리스도의 사랑을 알고 그 너비와 길이와 높이와 깊이가 어떠함을 깨달아 하나님의 모든 충만하신 것으로 너희에게 충만하게 하시기를 구하노라"(엡 3:17b-19).

바울은 하나님 사랑에 대한 그리스도인의 이런 경험을 그리스도인의 성숙과 연관시킨다. 바울의 표현대로 그것은 "하나님의 모든 충만하신 것으로 너희에게 충만하게" 되는 것이다(엡 3:19). 이 길을 따라 걷지 않는 그리스도인이 성숙해질 수 있을지는 분명하지 않다.

(3) 놀라울 정도로 완고한 사람을 깨뜨리고 변화시키는 하나님 사랑의 능력을 결코, 결코 과소평가하지 말라. 어느덧 교회는 잊어버린 이 진리가 가장 영향력 있게 긍정되는 최근의 예는 바로 전 세계에서 공연되고 있는, 빅토르 위고의 대서사〈레 미제라블〉의 뮤지컬 판이다. 빵을 훔쳤다는 이유로 19년의 중노동을 선고받은 장 발장은 완고하고 쓴 뿌리 가득한 사람이 된다. 누구도 그를 깨뜨릴 수 없었고, 모든 사람이 그를 두려워했다. 감옥에서 출소한 후 장 발장은 살아남기 힘들다는 것을 알게 된다. 여관 주인들은 그를 환영하지 않았고, 일자리를 찾기

도 어려웠다. 그런데 한 선한 주교가 그를 자기 집으로 맞아들인다. 그러나 장 발장은 그 신뢰를 배신한다. 밤중에 어둠 속을 더듬어 은식기 몇을 훔친 것이다.

그러나 이튿날 아침, 장 발장은 세 명의 경찰관에게 붙들린 채 주교의 집 문 앞으로 끌려온다. 그들은 장 발장을 체포했고 그에게서 은식기를 찾아낸 것이다. 주교의 한마디면 이 비열한 자는 평생 감옥에서 썩을 판이었다. 그런데 주교는 즉시 이렇게 말한다. "아, 여기 있었군요! 당신을 보게 되어 참 다행이오. 촛대도 준 것을 잊었소? 나머지처럼 그것들도 은이라오. 적어도 200프랑은 족히 될 거요. 가져가는 걸 잊은 것이오?"

장 발장은 풀려났고, 변화되었다. 경찰관들이 떠나자 주교는 부끄러움과 감사로 말을 잃은 그 손님에게 기어이 촛대를 내주었다. "잊지 마시오. 이 돈을 정직한 사람이 되기 위해 사용할 것이라고 나에게 한 약속을 결코 잊지 마시오." 주교는 그렇게 권면한다. 그리고 한편, 정의감에 불타올랐으나 용서와 동정이라고는 전혀 모르는 탐정 자베르가 장 발장을 끈질기게 쫓고 있었다. 자베르는 흑백논리에 갇힌 자신의 단순한 정의가 온갖 복수의 본능에 저항하는 은혜에 제대로 대처하지 못하자 이내 무너져버린다. 장 발장은 다른 사람이 되고, 자베르는 다리에서 뛰어내려 센강에 빠져 죽는다.

물론 이는 그리스도인의 사랑이다. 즉, 이 경우에 하나님의 사랑은 주교를 통해 드러난다. 그러나 이것이 변화된 사람에게서 나타나야 하는 사랑이다. 하나님의 사랑은 우리를 변화시켜 그 사랑을 다른 이에게 드러내게 하기 때문이다. 우리가 사랑하는 것은 그분이 먼저 우리를 사랑하셨기 때문이다. 우리가 용서하는 것은 우리가 계속 용서받기 때문이다.

일련의 논의에서 내가 사실상 넘어가 버린 사랑의 한 측면이 있다. 바로 **우리의** 사랑이다. 이 책에서 나는 **하나님의** 사랑과, 성경이 그 사랑을 다양하게 말하는 바에 초점을 맞추었다. 그럼에도 우리는 하나님의 사랑이 우리 사랑을 **이끌어낸다는** 사실을 깨닫지 않고는 성경이 말하는 하나님의 사랑을 올바르게 이해할 수 없을 것이다.

1장에서 전개한 분류를 활용하여 다시 설명해 보자.

(1) 하나님의 삼위일체 내적 사랑은 구속 계획을 보장한다. 성부는 성자를 몹시 사랑하셔서 모든 존재가 성부를 영화롭게 하는 그 순간에 성자 역시 영화롭게 하도록 작정하셨다. 성부 하나님이 성자에게 '보이시며' 최종 임무인 십자가를 포함한 임무들을 주신 것은 모두 이 목적을 위해서였다. 성자는 성부를 매우 사랑하셔서 우리를 위하여 순종하심으로 십자가로 향하시고 의인으로서 불의한 자를 대신하셨다. 우리 마음을 하나님

께로 돌리려는 이 모든 구속 계획은 이 삼위일체 내적 사랑의 가장 우선적인 기능이었다(2장 참조).

(2) 하나님의 섭리적 사랑은 우리를 보호하고 먹이며 입히고, 공의만 존재했다면 곧장 없어질 우리를 보존한다. 주 예수님은 하나님의 섭리적 사랑의 증거들이 우리를 믿음과, 하나님을 중심으로 하는 나라의 우선순위로 부른다고 말씀하신다(마 6장).[5]

(3) 하나님의 갈망하시고 초청하시며 부르시는 사랑은 궁극적으로 십자가에서 드러났다. "그리스도의 사랑이 우리를 강권하시는도다 우리가 생각하건대 한 사람이 모든 사람을 대신하여 죽었은즉 모든 사람이 죽은 것이라 그가 모든 사람을 대신하여 죽으심은 살아 있는 자들로 하여금 다시는 그들 자신을 위하여 살지 않고 오직 그들을 대신하여 죽었다가 다시 살아나신 이를 위하여 살게 하려 함이라"(고후 5:14-15). 바울과 함께 우리도 빚진 자들이다. 우리는 다른 이들에게 복음을 빚졌다.

(4) 우리를 향한 하나님의 효과적이고 택하시는 사랑은 우리를 대속하고 하나님과 화목케 하는 그리스도 죽음의 영광과 능력을 있는 그대로 볼 수 있게 한다. 우리는 하나님이 우리를 강

---

[5] 이 주제에 대해서는 다음에서 훨씬 많은 분량으로 다루었다. *A Call to Spiritual Reformation: Priorities from Paul and His Prayers* (Grand Rapids: Baker, 1992)(「바울의 기도」, 복있는사람).

간범의 잔인한 음욕으로 잡아끄신 것이 아니라 사랑하는 자의 설득하는 구애로 그리하셨다는 사실을 깨닫는다. 온전한 사랑으로 하나님은 자기 백성의 구원을 효과적으로 보장하셨다. 우리가 사랑하는 것은 그분이 먼저 우리를 사랑하셨기 때문이다.

(5) 하나님은 계속해서 우리를 사랑하신다. 우리를 사랑하신 그리스도를 통해 우리가 승리자 이상이 되었음을 확증해 주는 변함없는 사랑으로 사랑하실 뿐 아니라(롬 8장), 그분의 사랑 안에 거하라고 알려 주시는, 자기 자녀를 향한 아버지의 사랑으로도 사랑하신다(유 21절). 그리스도는 자신이 순종을 통해 아버지의 사랑 안에 거하신 것(요 15:9 이하)과 완전히 동일한 의미로 우리도 그분의 사랑 안에 거하라고 말씀하신다. 그러므로 우리는 사랑 안에서 훈련되어야 한다. 그래서 우리가 사랑하며 순종하는, 살아 계신 하나님의 자녀가 될 수 있도록 말이다.

이 모든 것이 우리를 변화시키는 것은 결국 우리가 첫째 계명, 즉 "네 마음을 다하고 목숨을 다하고 뜻을 다하고 힘을 다하여 주 너의 하나님을 사랑하라"는 계명이 얼마나 올바른지를 이해할 수 있기 위해서다. 이것이 첫째 되고 가장 큰 계명이듯이 첫째 되고 가장 큰 죄는 하나님을 마음과 목숨과 뜻과 힘을 다하여 사랑하지 않는 것이다. 이를 위한 치유책은 없다. 하나님이 직접 베푸시는 것밖에 없다. 바로 사랑으로만 가능하다.

주제 색인

결정 · 114
공상 과학 영화 · 9
그리스도의 십자가 죽으심 · 74-76, 102
뉴 에이지 · 10
단어 연구 · 35-41
문맥적 연구 · 41-51
복음 전도 · 112
사랑
   서로를 향한 사랑 · 66-67, 92, 119
   세상을 향한 사랑 · 114-116
   아가파오 · 35-39
   에로스 · 35
   하나님을 향한 사랑 · 57, 92
삼위일체
   경륜적 삼위일체 · 84, 99
   내재적 삼위일체 · 84, 99
삼위일체에 종속됨 · 46-51, 55-56
서구 문화의 우회로 · 10
속죄 · 66
   아르미니우스주의 관점의 속죄 · 106-108
   아미로주의 관점의 속죄 · 106
   칼뱅주의 관점의 속죄 · 106
시내산 · 103
신앙 고백 · 17
신인동정론 · 83, 98
안식일 · 42-44
양립 가능론 · 72-76
열린 신론 · 78-82
영지주의 · 110
용서 · 94-96
운명론 · 72-73
유화 · 104
융합주의 · 17
인간과 하나님의 교제 · 77
인간의 책임 · 72
인격적이신 하나님 · 81-82
제한 속죄 · 105-114
종 · 58-60
중간지식 · 69
첫째 되는 계명 · 122
친구 · 58-61
택함 받음 · 22-24, 26-30, 70-72, 87, 90
포스트모더니즘 · 15-17

하나님은 죄를 미워하시지만 죄인은
사랑하신다 · 99
하나님의 감정 · 83, 97
하나님의 거룩하심 · 98
하나님의 불변성 · 76-78
하나님의 비피동성 · 67, 82-92
하나님의 사랑
   긍휼히 여기시는 하나님의 사랑
   · 26, 65
   받아들이는 하나님의 사랑 · 116
   변함없는 하나님의 사랑 · 71
   변화시키는 하나님 사랑의 능력
   · 117-119
   부모의 사랑과 닮은 하나님의 사랑
   · 116
   비그리스도인들을 향한 하나님의
   사랑 · 112
   사랑할 수 없는 자들을 향한 하나님
   의 사랑 · 91
   삼위일체 내적 사랑 · 19, 26, 41, 48-51, 61, 84, 108, 119-120
      성자를 향한 성부의 사랑과 성부를
      향한 성자의 사랑의 차이 · 55-56
   섭리적 사랑 · 19-20, 27, 30-31, 108, 120
   세상을 향한 하나님의 사랑
   · 114-116
   십자가에 나타난 하나님의 사랑 · 102
   조건 없는 하나님의 사랑 · 31
   초청하시는 사랑 · 21, 28, 109-112, 120-121
   치유적인 관점의 하나님의 사랑
   · 85, 89
   타자 지향적인 하나님의 사랑 · 54
   택함 받은 자를 향한 사랑 · 22-24, 28-29, 71, 109-112, 120
   하나님의 백성을 향한 하나님의 사랑
   · 116-122
   하나님의 사랑과 그분의 의지 · 85-86
   하나님의 사랑과 악 · 17-18
   하나님의 사랑에 대한 감정적 관점
   · 11, 95
   하나님의 사랑에 대한 우리 문화의
   이해 · 11-12, 85, 89
   하나님의 사랑에 대한 절대적인 측
   면 · 26-32
   하나님의 사랑의 어려움 · 8-18
   훈련을 위한 조건적인 하나님의 사랑
   · 24-26, 109, 116, 121
하나님의 아들 · 43-51
   성부를 드러내심 · 47-48

성육신 전 · 51-55
성육신한 말씀만을 뜻함 · 51-55
영원한 아들 됨 · 54
죽은 자를 살리심 · 50
하나님의 전능하심 · 68
하나님의 전지하심 · 68-69
하나님의 주권 · 68-76, 81-82
하나님의 진노 · 96-105

감정으로서의 하나님의 진노 · 97
구약과 신약에 나타난 하나님의 진노
· 101-102
의지적 반응으로서의 하나님의 진노
· 100
하나님의 후회 · 78-79
할라코트 · 42-44
훈련 · 24-26, 116

성구 색인

창세기
6:6-7 · **78**
50:19-20 · **72**

출애굽기
20:6 · **25, 116**
32:10 · **66**
32:12-14 · **79**
34:6 · **66**

신명기
4:37 · **22**
7:7-8 · **22**
10:14-15 · **23**

사무엘상
15:11 · **78**
15:35 · **78**

사무엘하
13 · **37**

시편
1-50 · **99**
33:11 · **76**
78:40 · **66**
90:13 · **79**
102:27 · **76**
103:8 · **25**
103:9-11 · **25-26**
103:13 · **26, 41, 66**
103:17 · **66**
103:17-18 · **26**
106:44-45 · **79**

잠언
4:20 · **116**
16:33 · **68**
21:1 · **69**

이사야
10:5 이하 · **73**
13:4 · **96**
13:6 · **96**
13:9 · **96**
42:8 · **55**
46:8-11 · **76**
53:10-12 · **108**
54:8 · **66**
62:5 · **66**

예레미야
18:7-10 · **79**
26:3 · **79**
26:13 · **79**
26:19 · **79**
32:17 · **68**

에스겔
3:16-21 · **79**
5:11-17 · **96-97**
22:30-31 · **80**
33 · **79**
33:11 · **21**

호세아
11 · 63
11:4 · 64
11:5 · 64
11:6 · 64
11:7 · 64
11:8-11 · 64-65

요엘
2:13-14 · 79

아모스
7:3-6 · 79

요나
3:9-10 · 79
4:2 · 79

말라기
1:2-3 · 23
3:6 · 76

마태복음
1:21 · 107
6 · 20, 120
13:35 · 76
19:26 · 68
20:28 · 108
25:34 · 76

마가복음
10:45 · 108

누가복음
15 · 13
22:48 · 36

요한복음
1:1 · 52
1:2-3 · 51
1:14 · 52
3:16 · 20, 49, 104, 108, 114
3:17 · 52
3:35 · 19, 37
3:36 · 99
5 · 58
5:8 · 42
5:11 · 42
5:16 · 42
5:16-30 · 42, 50
5:17 · 42
5:18 · 45
5:19a · 46
5:19b · 46
5:20 · 19, 37, 47, 50
5:20-21 · 50
5:23 · 49
5:26 · 52
6:37-40 · 71
8:29 · 50
14:15 · 58
14:31 · 19, 50, 57
15:9 · 24, 57
15:9 이하 · 121
15:9b-10 · 57
15:9-11 · 116
15:10 · 24
15:14-15 · 58
15:19 · 21
17 · 58
17:5 · 54

사도행전
4:23-29 · 73

4:27-28 · **73-74**
4:28 · **75**
13:48 · **70**

로마서
1:18 이하 · **99**
1:18-3:20 · **105**
3:21-26 · **105**
3:25 · **105**
5:6-10 · **108**
5:8 · **92**
8 · **90, 121**
8:32 · **49**
9:11 · **70**
9:21 · **69**

고린도전서
13 · **39, 63**

고린도후서
5:14-15 · **120**
6:18 · **68**

갈라디아서
4:4 · **61**

에베소서
1:4 · **76**
1:4-5 · **71, 87**
1:11 · **69, 76**
2:15-16 · **108**
3:14-21 · **84, 116-117**
3:19 · **117**
4:30 · **66**
5:25 · **23, 108**

데살로니가후서
2:13 · **71**

디모데전서
5:21 · **71**

디도서
2:14 · **108**

히브리서
전체 · **104**
1:3 · **69**
12:4-11 · **116**

베드로전서
1:20 · **76**
2:9 · **71**

요한일서
2:2 · **21, 108, 110**
2:15 · **115**
2:15-17 · **114**
4 · **80**
4:8 · **34**
4:10 · **92**
4:11 · **66-67**
4:16 · **34**
4:19 · **92**

유다서
21 · **24, 116, 121**

요한계시록
1:8 · **68**
13:7-8 · **71**
14 · **97, 101**
17:8 · **71**

D. A. 카슨의 하나님의 사랑

우리가 오해한 그 사랑의 진정한 의미를 되찾기 위하여

초판 발행	2019년 9월 30일
초판 2쇄	2020년 2월 20일
지은이	D. A. 카슨
옮긴이	황영광
발행인	김수억
발행처	죠이선교회(등록 1980. 3. 8. 제5-75호)
주소	02576 서울시 동대문구 왕산로19바길 33
전화	(출판부) 925-0451
	(죠이선교회 본부, 학원사역부, 해외사역부) 929-3652
	(전문사역부) 921-0691
팩스	(02) 923-3016
인쇄소	영진문원
판권소유	ⓒ죠이선교회
ISBN	978-89-421-0426-0 03230

책값은 뒤표지에 있습니다.
잘못된 도서는 교환하여 드립니다.
이 책 내용을 허락 없이 옮겨 사용할 수 없습니다.

이 도서의 국립중앙도서관 출판예정도서목록(CIP)은 서지정보유통지원시스템 홈페이지(http://seoji.nl.go.kr)와 국가자료공동목록시스템(http://www.nl.go.kr/kolisnet)에서 이용하실 수 있습니다.(CIP제어번호: CIP2019035765)